国家高新区瞪羚企业发展报告 2021

科学技术部火炬高技术产业开发中心 著

·北京·

图书在版编目（CIP）数据

国家高新区瞪羚企业发展报告.2021/科学技术部火炬高技术产业开发中心著.—北京：科学技术文献出版社，2022.6
ISBN 978-7-5189-9278-2

Ⅰ.①国… Ⅱ.①科… Ⅲ.①高技术企业—企业发展—研究报告—中国—2021 Ⅳ.① F279.244.4

中国版本图书馆 CIP 数据核字（2022）第 102292 号

国家高新区瞪羚企业发展报告2021

策划编辑：李 蕊 刘文文　　责任编辑：李 鑫　　责任校对：王瑞瑞　　责任出版：张志平

出 版 者	科学技术文献出版社
地　　址	北京市复兴路15号　邮编 100038
编 务 部	（010）58882938，58882087（传真）
发 行 部	（010）58882868，58882870（传真）
邮 购 部	（010）58882873
官方网址	www.stdp.com.cn
发 行 者	科学技术文献出版社发行　全国各地新华书店经销
印 刷 者	北京时尚印佳彩色印刷有限公司
版　　次	2022年6月第1版　2022年6月第1次印刷
开　　本	889×1194　1/16
字　　数	113千
印　　张	7.5
书　　号	ISBN 978-7-5189-9278-2
定　　价	98.00元

版权所有　违法必究

购买本社图书，凡字迹不清、缺页、倒页、脱页者，本社发行部负责调换

国家高新区瞪羚企业发展报告2021
研究组

组　　　长：贾敬敦　张卫星

副　组　长：徐　轶　李有平

执 行 组 长：尚雁洁　何　平　李　享

主要研究人员：张　琳　余志海　倪　苹

研究组成员：庞林花　王胤杰　张艳秋　庞鹏沙
　　　　　　谷潇磊　胥加政　王　恒　王文霞
　　　　　　高晓玲　成　贤　何新宇　彭燕芬
　　　　　　梁婉君　韩尚容

前　言

当前我国经济发展步入新阶段，新产业、新业态、新商业模式正在蓬勃发展，创新能力正在成为经济高质量发展的新引擎。瞪羚企业作为创新发展的典型代表，正引领着原创新兴产业快速发展，是地区经济发展的风向标和发动机，能够加速带动区域经济高质量发展。

瞪羚企业是指跨越死亡谷、进入快速成长期的创新创业企业，也被称为高成长企业。"瞪羚企业"的概念诞生于20世纪90年代，最初由美国麻省理工学院教授戴维·伯奇（David Birch）提出，因其具有成长速度快、创新能力强、专业领域新及发展潜力大等特征，备受世界各国的追捧。美国硅谷每年向全球发布《硅谷指数》来反映硅谷的创新能力和创新活力，通常将瞪羚企业的数量作为反映其创新的指标之一。经济合作与发展组织（OECD）每年会持续跟踪报告瞪羚企业等高成长企业的发展情况。近年来，《福布斯》、胡润研究院也对我国的瞪羚企业进行发布。

2021年12月17日，工业和信息化部会同国家发展改革委、科技部、财政部等19部门联合发布《"十四五"促进中小企业发展规划》，明确提出要培育一批瞪羚企业和创新"尖兵"，加强前沿技术的研发、成果转化和产业化，抢占未来新兴产业的制高点，推动一批中小企业迅速成长为未来新兴产业的骨干企业。

为了更好地发现和培育瞪羚企业，自2014年起，科学技术部火炬高技术产业开发中心牵头成立"国家高新区瞪羚企业发展研究组"，在研究国内外瞪羚企业相关理论与政策的基础上，每年对国家高新区企业统计数据库中的累计数据进行跟踪分析，研究编制《国家高新区瞪羚企业发展报告》。本年度北京立言创新科技咨询中心作为支撑单位，参与了数据分析和研究工作。《国家高新区瞪羚企业发展报告2021》为了进一步突出瞪羚企业的发展特点，在借鉴国内外相关研究、总结以往工作经验的基础上，经专家研讨对瞪羚企业的遴选标准做了较大调整，主要调整有：一是将创新门槛中科技活动投入强度由2.5%上调为5.0%；二是将注册时间限制在10年以内；三是将营业收入限制在10亿元以内。

《国家高新区瞪羚企业发展报告2021》以2017—2020年国家高新区企业统计数据为基础，以经济增长、创新活动、绿色发展等为导向遴选出2312家符合导向的国家高新区瞪羚企业，对国家高新区瞪羚企业的群体特征、行业分布、区域表现、创新发展等进行系统分析，并追踪全国各区域瞪羚企业培育工作的开展情况。本报告旨在为有关管理部门、企业和研究人员提供较为全面掌握国家高新区高成长企业发展状况的数据资料，为相关工作的开展提供决策支撑。

国家高新区瞪羚企业发展研究组

目 录

主要结论	1
第一章　国家高新区瞪羚企业遴选标准	3
一、新经济时代企业成长	4
二、国际瞪羚企业遴选综述	6
三、本报告瞪羚企业遴选标准	12
第二章　国家高新区瞪羚企业群体特征分析	15
一、瞪羚企业是高成长企业的典型代表	16
二、高新技术企业及中小型企业是瞪羚企业的主体	22
三、七成瞪羚企业为新晋瞪羚企业	25
第三章　国家高新区瞪羚企业行业及领域分析	33
一、瞪羚企业行业分布广泛	34
二、九成以上瞪羚企业属于高新技术领域	36
三、近九成瞪羚企业分布于战略性新兴产业	38
四、近九成瞪羚企业分布于"三新"	41
五、近七成瞪羚企业分布于高技术产业	43
六、近一半瞪羚企业分布于数字经济核心产业	46

第四章　不同类别国家高新区的瞪羚企业表现　　49

　　一、瞪羚企业分布于142个国家高新区　　50

　　二、世界一流高科技园区的瞪羚企业有1293家　　53

　　三、创新型科技园区的瞪羚企业有365家　　55

　　四、创新型特色园区的瞪羚企业有320家　　56

　　五、其他园区的瞪羚企业有334家　　59

　　六、稳定期高新区的瞪羚企业有1960家　　62

　　七、国家自主创新示范区的瞪羚企业有2041家　　67

第五章　国家高新区瞪羚企业创新发展分析　　71

　　一、瞪羚企业创新要素投入保持活跃　　72

　　二、瞪羚企业创新产出成果日益丰硕　　82

第六章　国家高新区持续推进瞪羚企业培育　　89

　　一、各地持续深入开展瞪羚企业培育工作　　90

　　二、国家高新区瞪羚企业培育优秀案例　　96

主要结论

《国家高新区瞪羚企业发展报告2021》以2017—2020年国家高新区企业统计数据为基础，以经济增长、创新能力、绿色发展等为导向遴选出2312家符合标准的瞪羚企业。本期报告显示，瞪羚企业科技创新动力强劲，持续带动区域经济高质量发展。

1. 新冠肺炎疫情下，瞪羚企业保持高速增长。2020年，面对新冠肺炎疫情带来的严峻考验，瞪羚企业经济指标总体表现保持良好。国家高新区瞪羚企业数为2312家，比2019年（1594家[①]）增加718家，增长率为45.0%。其中，新晋瞪羚企业数为1631家，比2019年增长了62.0%，保持较高的新晋率。2312家瞪羚企业营业收入3年复合增长率高达46.2%，新晋瞪羚企业营业收入3年复合增长率高达46.7%，明显高于高新区全部企业平均水平（11.7%）。瞪羚企业上缴税费合计近150亿元，平均净利润超过1000万元。

2. 营业收入在5亿元以内、持续经营时间在5～10年的高新技术企业是瞪羚企业的主体。2020年，营业收入在5亿元以内的瞪羚企业有2216家，占瞪羚企业群体的95.8%。持续经营时间在5～10年的瞪羚企业有2205家，占比为95.4%。有2196家瞪羚企业被认定为高新技术企业，占比为95.0%。其中，规模以上高新技术企业有1854家，占比为84.4%。同时满足营业收入在5亿元以内、持续经营时间在5～10年且为高新技术企业的瞪羚企业有2014家，占比为87.1%。

---

① 本期报告对瞪羚企业遴选标准做出了较大调整（参见前言部分）。该数据为新的遴选结果，与上期报告有差别。

3. 瞪羚企业行业分布向节能环保、新材料、创新创业服务、大数据等符合当前产业发展导向的战略性新兴产业倾斜。瞪羚企业中，九成以上为高新技术领域产业，八成以上为战略性新兴产业或新产业、新业态、新商业模式产业，六成以上为高技术制造业和服务业产业，近一半为数字经济核心产业。

近年来，随着"碳达峰""碳中和"概念的提出，以及"大众创业、万众创新"浪潮的澎湃，瞪羚企业不断向双碳产业倾斜。从战略性新兴产业大类来看，新晋瞪羚企业在节能环保产业、新材料产业、相关服务业三大行业门类的集中度高于瞪羚企业群体；此外，新晋瞪羚企业在互联网与云计算、大数据服务，生物医学工程产业等战略性新兴产业中类的集中度高于瞪羚企业群体。

4. 瞪羚企业创新投入持续活跃，创新产出成果丰硕，不断推动产品创新、营收增长。2017—2020年，瞪羚企业科技活动经费投入年均增速为34%，人员投入年均增速为17%，其中产学研合作经费明显提高，设立研究机构数量不断增加，使得国内外发明专利、注册商标数量均快速增长。同时，瞪羚企业加速推出新产品、新技术，2017—2020年，瞪羚企业新产品销售收入年均增速达到40%，高新技术产品销售收入年均增速达到48%，技术收入年均增速达到42%。

5. 瞪羚企业区域发展格局逐渐形成。实施区域协调发展战略是新时代的国家重大战略之一。近年来，各省市高新区纷纷制定瞪羚企业培育计划，带动区域经济发展增效。2020年，长三角、粤港澳大湾区、京津冀的瞪羚企业数分别为779家、432家和430家，占瞪羚企业群体的比重分别为33.7%、18.7%、18.6%；长江经济带瞪羚企业数为1083家，占比为46.8%[1]。国家自主创新示范区瞪羚企业数为2041家，占比为88.3%。此外，随着"一带一路"的共建，瞪羚企业区域发展格局将不断完善。

---

[1] 根据有关规划，长三角包括上海、江苏、浙江和安徽；粤港澳大湾区中"粤"特指广东9市，包括广州、深圳、珠海、佛山、惠州、东莞、中山、江门和肇庆；京津冀包括北京、天津和河北；长江经济带包括上海、江苏、浙江、安徽、江西、湖北、湖南、重庆、四川、云南和贵州。

国家高新区瞪羚企业发展报告2021

第一章

国家高新区瞪羚企业遴选标准

一、新经济时代企业成长

当今世界正面临百年未有之大变局，中国特色社会主义进入新时代，中国经济由高速增长阶段转向高质量发展阶段。新一轮科技革命和产业变革为中国提高科技创新实力、进入国际科技前沿、建设创新型国家和世界科技强国创造了历史性机遇。同时，受全球经济下行压力、国际贸易摩擦、新冠肺炎疫情蔓延、俄乌冲突等因素的影响，中国经济发展面临新的挑战。在这样一个关键时期，必须始终坚持和发展中国特色社会主义经济发展道路，培育壮大新动能、加快发展新经济，这是中国跨越"中等收入陷阱"、实现高质量发展的重要举措。

作为新经济的开路先锋之一，独角兽、瞪羚企业等一大批高速成长的企业成为区域产业转型升级、提质增效的重要新生力量。由于高成长企业具有发展速度快、经济效益高、附加值大等特点，越来越多的地区开始意识到高成长企业的重要性，相继出台了一系列高成长企业培育计划，不断推进经济社会高质量发展。

第一，高成长企业有力推动新产业的兴起和传统产业的转型。通常，新兴产业的诞生往往伴随着承受高风险、高试错等一系列不确定因素，这些不确定因素使得只有少部分创业企业能够在试错中存活下来，成为高成长企业。这些存活下来的创业企业主要集中在新一代信息技术、人工智能、生物医药、新能源等尖端产业，凭借不断调整的企业战略和产业发展机遇，逐渐形成了成熟的商业模式和技术路线，进而有力地推动了产业的现代化、高级化进程。此外，高成长企业通过运用新技术、新工艺，建立了新的生产体系，实现企业所在产业从低附加值向高附加值升级，从高污染高耗能向低污染低耗能升级，从粗放型向集约型升级，从而带动传统产业的转型升级。

第二，高成长企业促进要素自主有序流动，提高资源配置效率。根据《中共中央国务院关于构建更加完善的要素市场化配置体制机制的意见》，高成长企业可以有效促进劳动力、资本、技术等要素流动，从而激发市场活力，提高全社会创造力。一是高成长企业通过提供就业机会，吸引创新创业人才和企业家引导劳动力要素合理畅通有序流动。二是高成长企业通过信贷、投融资等金融手段推进资本要素市场化配置。三是高成长企业通过与高校、科研机构合作转移科技成果，以及通过天使投资、创新投资、知识产权证券化、科技保险等方式推动科技成果资本化，加快发展技术要素市场。

第三，高成长企业是带动就业、稳定就业的重要推手。许多证据表明，在新成立企业中，绝大多数工作岗位由占比相对较少的高成长企业创造。发展潜力大、潜在价值高、专业领域新的高成长企业相比非高成长企业而言，更能受到创新型人才的青睐。除了直接创造大量新增就业岗位以外，高成长企业还创造了间接的就业机会。在新冠肺炎疫情冲击之下，高成长企业起到了稳就业、促增长的重要作用。高成长企业以其专业优势、技术优势，瞄准社会急需重点领域，在相关稳就业政策保驾护航下，在积极复工复产、稳定就业方面具有显著的就业溢出效益。

第四，高成长企业始终发挥创新发展的生力军作用。高成长企业的突出特点是创新活跃，具有强大的创新能力。在创新活动中，高成长企业通过主动融入大企业的技术、产品和管理体系，与大企业形成合理的市场分工，发挥高成长企业在产业链建设核心技术环节中的功能。在创新成果中，高成长企业通过其创新活动为社会带来了大量新技术、新产品、新服务和新模式。在创新领域中，高成长企业分布广泛，不仅在传统产业中保持创新活力，也在信息技术、生物医药、新能源和新材料等高新技术制造产业和信息咨询、工业设计、现代物流、电子商务等高新技术服务产业中成为新兴力量。

第五，高成长企业加速产业集群发展。高成长企业由于具有显著的经济效益和积极的溢出效应，有利于区域其他企业的增长和产业集群的发展。观察高成长企业的发展历程不难看出，这些企业在起步时大多依靠人才、资本的流入及政策扶持，不断发展、整合成具有一定规模的产业集群。集群进入快速成长时期，依靠其显著的规模优势和技术优势，以及较强的市场渗透能力，集群内企业通过竞争与合作推动了技术的创新和效率的提高，从而推动市场不断拓展，区域经济不断繁荣。

总之，在新经济时代，高成长企业是促进产业转型升级、提质增效，扩大和稳定就业，促进区域经济和产业集群发展的重要支撑力量，对于实现中国经济高质量发展，推动创新型国家建设具有重要的意义。

二、国际瞪羚企业遴选综述

对于瞪羚企业的理论研究，最早始于美国麻省理工学院教授戴维·伯奇。他在1994年与詹姆斯·麦道夫共同发表的论文《瞪羚》[1]中，着重研究了企业对新增工作岗位的贡献，将既能快速增长又创造了大部分新增工作机会的极少数中小企业称为瞪羚企业。次年，戴维·伯奇等在《谁在创造就业机会？》[2]中提出了瞪羚企业应满足的认定标准，即年营业收入至少10万美元，且在4年内保持20%的营业收入增长的企业。

随着瞪羚企业概念的提出，推动地区经济发展的作用日趋凸显，不同国家、地区的研究机构和学者都陆续开展瞪羚企业的认定活动并定期发布排行榜单。

欧盟委员会是较早对瞪羚企业开展研究的官方机构之一。2008—2011年，德国卡尔斯鲁厄理工学院的安吉·申姆克博士与凯·米图什教授在欧盟委员会的创新加速项目和欧盟竞争力与创新研究架构计划的共同资助下，完成了《高成长（瞪羚）企业报告》[3]，提出了统计学意义上瞪羚企业的认定方法，将在报告考察期内（2002—2004

---

[1] SOLMON L C, LEVENSON A R. Labor markets, employment policy, and job creation[M]. Boulder, CO: Westview Press, 1994:159-167.

[2] BIRCH D L, HAGGERTY A, PARSONS W. Who's creating jobs? [M].Boston: Cognetics Inc,1995.

[3] SCHIMIKE A, MITUSCH K. European Commission. Europe INNOVA sectoral innovation watch final sector report [R].2011.

年）营业收入或从业人员数相对增长率排名前10%的中型企业和前5%的小型企业认定为瞪羚企业。

2007年，经济合作与发展组织与欧洲统计局联合出版的《企业人口统计手册》（以下简称《手册》）[1]为企业人口统计指标编制提供了国际可比框架，并对一些OECD统计出版物中当时并未涵盖的指标（如高成长企业和瞪羚企业）的测度提供了方法指南。

《手册》中对高成长企业和瞪羚企业的认定标准兼顾了持续高成长性与发展历程短两大特性，将高成长企业定义为3年内营业收入或从业人员数年均增长率超过20%，并且至少拥有10名以上从业人员的企业。高成长企业中，成立时间不超过5年的企业被认定为瞪羚企业。同时，《手册》计算了一区域内瞪羚企业占全部企业的比例，将其定义为"瞪羚率"，这一指标从2011年起被OECD收录于连续发布的年度《企业创业一览》[2]中。"瞪羚率"指标显示，以企业从业人数为标准，2007年大多数OECD国家拥有10名及以上从业人员的企业中，1%（甚至不到0.5%）是瞪羚企业；以企业营业收入为标准，瞪羚企业的占比会相对更高，但只有少数几个欧洲转型经济体（如拉脱维亚、保加利亚）的瞪羚率超过4%。

2008年，为了验证《手册》中对高成长企业和瞪羚企业认定标准的合理性，OECD与欧洲统计局发布了工作文件《高成长企业和瞪羚企业——初步和汇总敏感性分析》[3]，旨在检验认定标准对于指标变化的敏感性。该文件检验了在不同增长率标准（15%、25%、30%和40%）、不同规模标准（5人及以上、15人及以上、20人及以上、50人及以上和100人及以上）和不同增长持续期标准（3年或5年）下瞪羚企业数量及占比的变化。结果显示，"从业人员数10人及以上"和"20%的增长率"的标准组合呈现出最合理的百分比，应继续采用；同时也应继续采用营业收入和从业人员数

---

[1] OECD, EUROSTAT. Eurostat-OECD manual on business demography statistics [M].Paris: OECD Publishing, 2007.

[2] OECD. Entrepreneurship at a glance 2011[M].Paris: OECD Publishing, 2011.

[3] PETERSON D R, AHMAD N. High-growth enterprises and gazelles-preliminary and summary sensitivity analysis[EB/OL]. [2021-05-27]. https://www.oecd.org/sdd/business-stats/39639605.pdf.

2个指标来认定高成长企业。

世界银行对高成长企业的系统性研究集中体现在2019年出版的《高成长企业：事实、猜想和新兴经济体的政策选择》[1]。该书梳理了主要统计机构和组织对高成长企业的认定标准，将其分为三类，即绝对定义、相对定义和分布定义。绝对定义即是戴维·伯奇和OECD采用的定义方法，设定营业收入或从业人员数的最低增长率和企业存续时间为认定标准；相对定义将高成长企业定义为从业人员数或营业收入增长分布中排名靠前的企业，或者是在伯奇指数[2]分布中排名靠前的企业；分布定义基于企业增长分布的特性，通过试图确定企业增长率分布的右尾（通常为拉普拉斯分布）转换为幂律分布的阈值。分布定义结合了绝对定义和相对定义的某些特性，但实现起来需要大量的计算，因此未被广泛采用。

除了官方统计机构和国际组织外，许多民间智库也对瞪羚企业开展了研究。其中，作为新经济的发祥地，美国硅谷从20世纪90年代开始就对瞪羚企业开展了跟踪研究。由硅谷联合投资和硅谷社区基金会联合发布的《硅谷指数》把瞪羚企业数量作为反映该地区经济发展状况的重要指标之一。该指数从上市公司中寻找瞪羚企业，将起始年营业收入不低于100万美元，且连续4年增长率不低于20%的企业认定为瞪羚企业。1995—2006年，《硅谷指数》连续10余年对硅谷瞪羚企业数量进行了测算。自2007年起，《硅谷指数》不再对瞪羚企业进行考察，将侧重点转为对清洁技术领域企业的研究。2019年开始，《硅谷指数》中加入了"初创企业数量"指标，最近两年《硅谷指数》又增加了"独角兽企业数量"指标。根据2022年最新的《硅谷指数》[3]，2021年硅谷和旧金山共有213家独角兽企业，约占美国独角兽企业数量的44%。

美国考夫曼基金会还对瞪羚企业的经济社会贡献进行了分析。政策研究副主席

---

[1] GOSWAMI A G, MEDVEDEV D, OLAFSEN E. High-growth firms: facts, fiction, and policy options for emerging economies [M].Washington, DC: World Bank, 2019.

[2] 伯奇指数（Birch Index）通过就业的绝对变化和相对变化构造。因此，与绝对变化大但相对变化小的大公司比较，该指数易低估高速成长的小公司的权重。

[3] JOINT VENTURE SILICON VALLEY. Index of silicon valley 2022[M].California: Joint Venture: Silicon Valley Network, Inc,2022.

戴恩·史唐乐（Dane Stangler）于2010年发布的《高成长企业与美国经济的未来》[①]报告中分析了高成长企业（瞪羚企业）对美国就业和经济的推动作用，指出尽管瞪羚企业多为新生或初创企业，相对数量较少，但却创造了远高于其平均比例的工作机会。该报告对于高成长企业的定义采取了相对指标方法，对从业人员数增长排名前5%及前1%的企业进行了分析，发现排名前5%的企业贡献了当年超过2/3的新工作岗位，排名前1%的企业在每一个考察年份里都创造了超过40%的新工作岗位。此外，该报告对于瞪羚企业的培育提出了3点建议：一是要专注于创立更多的新公司，这能推动高成长企业数量的增长；二是要消除阻止高成长企业出现的障碍，如税收障碍和法律障碍等；三是要关注可以孕育高成长企业的新领域。

英国企业研究中心（ERC）由英国经济和社会研究理事会资助，是英国领先的中小型企业成长、创新和生产力研究的卓越中心。2017年9月，ERC发布的《英国的高成长企业及其在大萧条中的韧性》[②]，基于OECD的方法对高成长企业进行了认定，采用就业人员数的年均增长来增加营业收入指标。报告指出，由于在连续的增长期内统计高成长企业时可能会出现重复计算，因此引入高成长期间的概念。高成长期间是指企业生命周期中的一个3年时间段，如果在此时间段内企业的从业人员数从10人（或更高的基数）增长超过72.8%，则将这段时间定义为高成长期间。通常，企业的第一个高成长期间是其首次被归类为高成长企业的时期。同年10月，ERC发布的《英国快速成长的企业：定义和政策实施》[③]，介绍了一种基于生产率的高成长企业认定方法，即在3年内通过增加营业收入和从业人员数使得劳动生产率水平提高的企业（报告中称为增长英雄企业），通过设定生产率增长的幅度来定义高成长企业的范围，以确保纳入标准的企业不会远远落后于生产率前沿。在此基础上，报告又进一步提出，在3年内通过增加营业收入和从业人员数使得劳动生产率水平提高，并且在基

[①] STANGLER D. High-growth firms and the future of the American economy [EB/OL]. [2021-11-15]. https://www.kauffman.org/wp-content/uploads/2019/12/highgrowthfirmsstudy.pdf,2010.

[②] ANYADIKE D A, HART M. The UK's high growth firms and their resilience over the great recession[EB/OL]. （2017-09-27）[2021-12-14]. https://www.enterpriseresearch.ac.uk/wp-content/uploads/2017/09/ERC-ResPap62—Anyadike-DanesHart-Final.pdf,2017.

[③] DU J, BONNER K. Fast-growth firms in the UK: definitions and policy implications [EB/OL]. （2017-10-15）. https://www.enterpriseresearch.ac.uk/wp-content/uploads/2017/10/ERC-ResPap63—DuBonner-Final.pdf.

准年劳动生产率水平高于行业平均水平的企业被称为增长超级英雄企业。

表1-1归纳总结了自20世纪90年代以来，世界主要官方统计机构、国际组织和民间智库等对高成长企业、瞪羚企业的认定方法、标准和特点，这对我国瞪羚企业的认定有以下几点启示。

一是在遴选方法上宜采用绝对定义。根据世界银行2019年对现有方法的梳理，主要包括绝对定义、相对定义和分布定义等3种方法。其中，分布定义由于涉及概率论中的分布函数，需要较多的专业知识和大量的计算，因此未被广泛采用，且其实现效果并不优于其他两种方法。绝对定义被戴维·伯奇、经济合作与发展组织和欧洲统计局、美国硅谷、英国企业研究中心广泛采用，该方法的突出特点是设定了高成长企业应满足的具体条件。相对定义以欧盟委员会和美国考夫曼基金会为代表，基本思想是筛选出全部企业中的前多少位。与绝对定义比较，相对定义无法实现高成长企业的跨国、跨行业比较；并且更倾向于中小型企业，从而将大型企业排除在外。

二是营业收入、年末从业人员数是遴选的主要指标。营业收入和年末从业人员数是反映一国、一地区或一企业最重要的经济规模指标和就业规模指标。从现有研究也可以看出，绝大多数采用营业收入和年末从业人员数作为遴选指标。对于营业收入，也有研究表示可以采用其替代指标，如增加值、销售收入等，但遴选的结果相差不大。此外，英国企业研究中心提出了劳动生产率指标，该指标是由营业收入和从业人员数构造而来，并且由于是构造指标较难控制企业的规模。

表1-1 高成长企业、瞪羚企业认定标准归纳整理

统计机构、国际组织和民间智库	认定标准	主要特点	采用方法
戴维·伯奇（美国）	营业收入10万美元及以上；4年复合增长率20%以上	首次提出，为后续研究提供重要参考	绝对定义
欧盟委员会	增长率前10%的中型企业和前5%的小型企业；从业人员数和营业收入正增长	对考察期末提出了正增长的条件	相对定义

续表

统计机构、国际组织和民间智库	认定标准	主要特点	采用方法
经济合作与发展组织和欧洲统计局	高成长企业： 营业收入或就业人员数3年复合增长率20%以上； 从业人员数10人及以上。 瞪羚企业： 高成长企业中成立时间不超过5年	提出了瞪羚企业的成立时间限制	绝对定义
世界银行		梳理了3类定义，即绝对定义、相对定义、分布定义	
美国硅谷	营业收入100万美元及以上； 连续4年增长率不低于20%		绝对定义
美国考夫曼基金会	从业人员数增长率前5%或前1%		相对定义
英国企业研究中心	方法一： 从业人员数10人及以上； 从业人员数3年复合增长率20%以上。 方法二： 3年劳动生产率提高； 劳动生产率高于平均水平	考察投入产出效率指标	绝对定义

三是对于增长速度提出要求。顾名思义，高成长企业的最直接表现是具有较高的增长速度。相对方法通过增长率的前多少位来定义，绝对方法通过考察一定时期内的增长速度来定义。可以考察营业收入的增长速度，也可以考察就业人员数的增长速度。对于考察期内的增长速度，各国均一致采用20%的认定标准。

四是设置期初和期末条件。通常要求企业在考察期期初达到一定的经济或就业规模，如美国戴维·伯奇、硅谷要求营业收入达到一定的规模，经济合作与发展组织和欧洲统计局、英国企业研究中心要求从业人员数达到一定的规模。通常要求企业在考察期期末经济或就业为正增长，如欧盟委员会要求从业人员数和营业收入保持持续增长。

五是对于企业的注册时间加以限制。经济合作与发展组织和欧洲统计局在认定了高成长企业的基础上，提出其中成立时间不超过5年的高成长企业为瞪羚企业。

六是考察企业性质。美国的戴维·伯奇在提出瞪羚企业的概念时，将其限定为中小企业。欧盟委员会考察的也是中小企业，即增长率前10%的中型企业和前5%的小型企业。

七是结合我国创新发展政策导向。高成长企业是创新的主体，在参考以上国际认定标准基础上，应设置创新门槛条件。

三、本报告瞪羚企业遴选标准

《国家高新区瞪羚企业发展报告2021》以国家高新区企业统计年报中2017—2020年企业统计数据为国家高新区瞪羚企业遴选与分析的基础。

基于对国际瞪羚企业标准的深入研究，并结合国家高新区企业发展实际情况，本期报告提出了"国家高新区瞪羚企业遴选标准"，并据此对国家高新区内企业进行遴选。国家高新区瞪羚企业遴选标准包括定量提取指标、定性筛查指标及创新门槛指标等，企业同时满足遴选标准方可入选国家高新区瞪羚企业。

（一）定量提取指标

入选需满足以下条件之一。

①企业成立时间不早于2010年，2017年营业收入不少于1000万元、2020年不超过10亿元且2017—2020年复合增长率不低于20%，且2020年正增长；

②企业成立时间不早于2010年，2017年末从业人员数不少于100人且2017—2020年复合增长率不低于30%，且2020年正增长；

③企业成立时间不早于2016年，2020年营业收入不低于5亿元（成立5年内总收入突破5亿元），且3年营业收入无大幅下降。

（二）定性筛查指标

入选需满足以下全部条件，否则将被剔除。

①行业性质：非烟草、铁路、矿产资源、公共服务等垄断性行业企业，以及房地产、基础建设、银行等行业。

②企业性质：非大型央企、外企生产基地、分公司、销售公司、贸易公司。

（三）创新门槛指标

入选需满足以下条件。

2017—2020年平均科技活动经费投入强度（科技活动经费投入占营业收入比重）不低于5%。

（四）社会效益指标

剔除高能耗企业、失信惩戒对象等。

（五）遴选结果

本期报告共遴选出符合标准的瞪羚企业2312家，占国家高新区入统企业总数的1.4%。其中，有1631家企业为首次入选企业（新晋瞪羚企业），占国家高新区瞪羚企业的70.5%。

国家高新区瞪羚企业发展报告2021

第二章 国家高新区瞪羚企业群体特征分析

一、瞪羚企业是高成长企业的典型代表

（一）营业收入 3 年复合增长率高达 46.2%

2017—2020年，瞪羚企业营业收入3年复合增长率高达46.2%，明显高于高新区全部企业平均水平（11.7%）。

瞪羚企业营业收入3年复合增长率主要集中在20%～50%，有1628家，占比为70.4%；其次为50%～70%，有347家，占比为15.0%。此外，瞪羚企业营业收入3年复合增长率在100%及以上的企业有115家，占比为5.0%（表2-1）。

表2-1 瞪羚企业营业收入3年复合增长率分布

营业收入3年复合增长率	企业数（家）	占比
10%以下	11	0.5%
10%～20%	6	0.3%
20%～30%	741	32.1%
30%～40%	542	23.4%
40%～50%	345	14.9%
50%～60%	194	8.4%
60%～70%	153	6.6%
70%～80%	89	3.8%

续表

营业收入3年复合增长率	企业数（家）	占比
80%~90%	73	3.2%
90%~100%	43	1.9%
100%及以上	115	5.0%
瞪羚企业群体	2312	100.0%

①本报告因小数取舍而产生的误差未做配平处理。
②本报告数据区间中间值包含在区间左端，右端不包含，下同。例如，10%属于10%~20%区间。

（二）超九成瞪羚企业营业收入在5亿元以内

2020年，瞪羚企业营业收入在1亿元以下的最多，有1343家，占比为58.1%；其次为1亿~2亿元，有524家，占比为22.7%；另外，2亿~3亿元的有190家，占比为8.2%；3亿~4亿元的有106家，占比为4.6%；4亿~5亿元的有53家，占比为2.3%；以上瞪羚企业合计占比达到95.9%（表2-2）。

表2-2 瞪羚企业营业收入分布

营业收入（元）	企业数（家）	占比
1亿以下	1343	58.1%
1亿~2亿	524	22.7%
2亿~3亿	190	8.2%
3亿~4亿	106	4.6%
4亿~5亿	53	2.3%
5亿~6亿	41	1.8%
6亿~7亿	22	1.0%
7亿~8亿	13	0.6%
8亿~9亿	11	0.5%
9亿~10亿	9	0.4%
瞪羚企业群体	2312	100.0%

(三) 瞪羚企业获风险投资企业占比明显高于高新区总体占比

2020年，有170家瞪羚企业获得风险投资，占瞪羚企业群体的7.4%，明显高于高新区总体获风险投资企业的占比（1.6%）。表明，瞪羚企业对社会资本具有更高的吸引力。

其中，营业收入在5亿元以下的有163家，占获风险投资瞪羚企业的95.9%。按照不同营业收入阶段获风险投资企业占比来看，1亿～2亿元、2亿～3亿元、3亿～4亿元及7亿～8亿元的较高，均超过了10%（表2-3）。

表2-3 获风险投资瞪羚企业营业收入分布

营业收入（元）	企业数（家）	占比	获风险投资企业占比
1亿以下	66	38.8%	4.9%
1亿～2亿	58	34.1%	11.1%
2亿～3亿	24	14.1%	12.6%
3亿～4亿	12	7.1%	11.3%
4亿～5亿	3	1.8%	5.7%
5亿～6亿	4	2.4%	9.8%
6亿～7亿	1	0.6%	4.5%
7亿～8亿	2	1.2%	15.4%
瞪羚企业群体	170	100.0%	7.4%

(四) 有186家瞪羚企业为上市或挂牌企业

2020年，有186家瞪羚企业为上市或挂牌企业主体，占瞪羚企业群体的8.0%。其中，新三板有99家，占上市或挂牌瞪羚企业的53.2%；地方四板有67家，占比为36.0%。上交所、深交所上市瞪羚企业以科创板和创业板为主，其中上交所科创板有12家、深交所创业板有2家，占比分别为6.5%和1.1%。此外，香港、纳斯达克各有1家，占比为0.5%（表2-4）。

表2-4 上市或挂牌瞪羚企业板块分布

板块	企业数（家）	占比
新三板	99	53.2%
地方四板	67	36.0%
上交所科创板	12	6.5%
深交所创业板	2	1.1%
上交所主板	4	2.2%
香港	1	0.5%
纳斯达克	1	0.5%
瞪羚企业群体	186	100.0%

（五）瞪羚企业平均净利润超 1000 万元

2020年，瞪羚企业实现净利润269.6亿元，平均净利润为1166.3万元。其中，净利润在0～2000万元的有1457家，占比为63.0%；在1亿元及以上的有67家，占比为2.9%；未盈利的有309家，占比为13.4%（表2-5）。

表2-5 瞪羚企业净利润分布

净利润（元）	企业数（家）	占比
未盈利	309	13.4%
0～500万	763	33.0%
500万～1000万	370	16.0%
1000万～2000万	324	14.0%
2000万～3000万	151	6.5%
3000万～5000万	170	7.4%
5000万～8000万	132	5.7%
8000万～1亿	26	1.1%
1亿及以上	67	2.9%
瞪羚企业群体	2312	100.0%

瞪羚企业净利润率（净利润与营业收入的比值）为8.6%，高于高新区全部企业平均水平（7.1%）。其中，净利润率在0~20%的有1529家，占比为66.1%；在50%及以上的有55家，占比为2.4%；负值的有309家，占比为13.4%（表2-6）。

表2-6　瞪羚企业净利润率分布

净利润率	企业数（家）	占比
负值	309	13.4%
0~5%	521	22.5%
5%~10%	487	21.1%
10%~20%	521	22.5%
20%~30%	255	11.0%
30%~50%	164	7.1%
50%及以上	55	2.4%
瞪羚企业群体	2312	100.0%

瞪羚企业总资产利润率（利润总额与资产总计的比值）为5.9%，高于高新区全部企业平均水平（4.9%）。其中，总资产利润率在0~5%的有533家，占比为23.1%；在5%~10%的有456家，占比为19.7%。此外，总资产利润率在50%及以上的有56家，占比为2.4%；负值的有308家，占比为13.3%（表2-7）。

表2-7　瞪羚企业总资产利润率分布

总资产利润率	企业数（家）	占比
负值	308	13.3%
0~5%	533	23.1%
5%~10%	456	19.7%
10%~20%	550	23.8%
20%~30%	249	10.8%
30%~50%	160	6.9%
50%及以上	56	2.4%
瞪羚企业群体	2312	100.0%

瞪羚企业净资产利润率（净利润与净资产的比值，净资产为资产总计与负债合计的差额）为9.8%，略低于高新区全部企业平均水平（10.1%）。其中，净资产利润率在0～10%的有501家，占比为21.7%；在10%～20%的有523家，占比为22.6%。此外，净资产利润率在50%及以上的有237家，占比为10.3%；负值的有266家，占比为11.5%（表2-8）。

表2-8 瞪羚企业净资产利润率分布

净资产利润率	企业数（家）	占比
负值	266	11.5%
0～5%	243	10.5%
5%～10%	258	11.2%
10%～20%	523	22.6%
20%～30%	417	18.0%
30%～50%	368	15.9%
50%及以上	237	10.3%
瞪羚企业群体	2312	100.0%

（六）瞪羚企业上缴税费近150亿元

2020年，瞪羚企业群体上缴税费合计为149.6亿元，平均上缴税费为646.9万元。超九成瞪羚企业上缴税费在2000万元以下。其中，200万元以下的有928家，占比为40.1%；200万～500万元的有615家，占比为26.6%；500万～1000万元的有362家，占比为15.7%；1000万～2000万元的有238家，占比为10.3%；以上合计为2143家，占比为92.7%。此外，2000万～5000万元的有138家，占比为6.0%；5000万～1亿元的有27家，占比为1.2%；有4家瞪羚企业上缴税费超过1亿元（表2-9）。

表2-9 瞪羚企业平均上缴税费分布

平均上缴税费（元）	企业数（家）	占比
200万以下	928	40.1%
200万～500万	615	26.6%
500万～1000万	362	15.7%
1000万～2000万	238	10.3%
2000万～5000万	138	6.0%
5000万～7000万	18	0.8%
7000万～1亿	9	0.4%
1亿及以上	4	0.2%
瞪羚企业群体	2312	100.0%

二、高新技术企业及中小型企业是瞪羚企业的主体

（一）瞪羚企业多为中小微民营企业

九成以上瞪羚企业为中小微型企业。2020年，2312家瞪羚企业中，中小微型企业合计为2172家，占比达93.9%。其中，小型最多，有1454家，占比为62.9%；中型有583家，占比为25.2%；微型有135家，占比为5.8%。此外，大型有140家，占比为6.1%（表2-10）。

表2-10 瞪羚企业大中小微型分布

类型	企业数（家）	占比
微型	135	5.8%
小型	1454	62.9%
中型	583	25.2%
大型	140	6.1%
瞪羚企业群体	2312	100.0%

八成以上瞪羚企业为民营企业。从企业控股情况来看，私人控股（民营企业）最多，有1875家，占比达81.1%；国有控股有118家，占比为5.1%；港澳台控股有62家，占比为2.7%；外商控股有55家，占比为2.4%；集体控股有21家，占比为0.9%（表2-11）。

表2-11　瞪羚企业控股情况分布

类型	企业数（家）	占比
私人控股	1875	81.1%
国有控股	118	5.1%
港澳台控股	62	2.7%
外商控股	55	2.4%
集体控股	21	0.9%
其他	181	7.8%
瞪羚企业群体	2312	100.0%

（二）九成以上瞪羚企业为高新技术企业

瞪羚企业中高新技术企业占比远高于高新区总体水平。2020年，瞪羚企业中，有2196家企业被认定为高新技术企业，占比为95.0%；高新区企业中，高新技术企业占纳入统计范围企业的比重为60.1%（图2-1）。

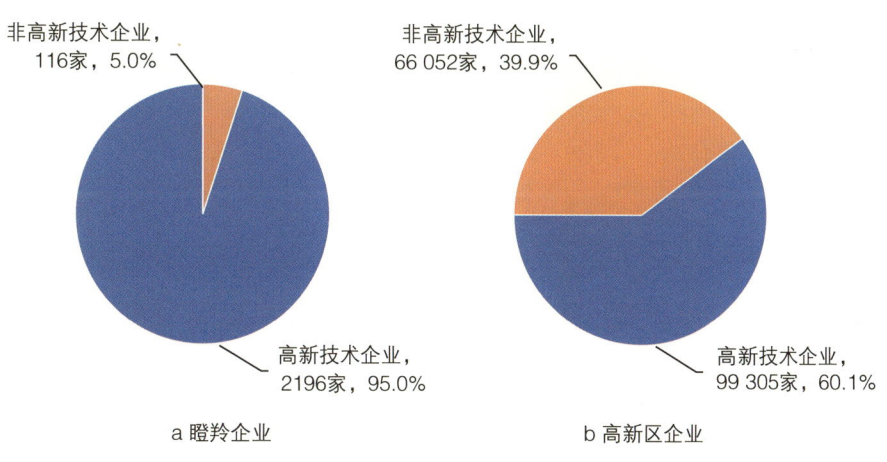

图2-1　瞪羚企业获得高新技术企业认定情况

第二章　国家高新区瞪羚企业群体特征分析

（三）超八成高新技术瞪羚企业为规模以上企业

2020年，2196家被认定为高新技术企业的瞪羚企业中，规模以上企业有1854家，占比为84.4%；规模以下企业有342家，占比为15.6%（图2-2）。

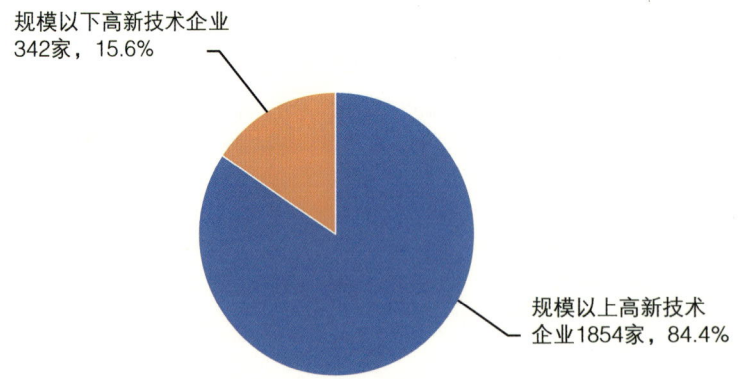

图2-2　瞪羚企业中规模以上高新技术企业情况

（四）超九成瞪羚企业持续经营时间在5年及以上

瞪羚企业平均持续经营时间约为7年，六成以上的企业（1514家，占比65.5%）持续经营时间达到7年及以上。其中，九成以上达到5年及以上（2205家，占比95.4%），而不足5年的仅有107家，占比为4.6%。表明，绝大多数瞪羚企业持续经营时间在5年及以上，瞪羚企业经营持续性良好（表2-12）。

表2-12　瞪羚企业持续经营时间分布

注册时间	持续经营时间（年）	企业数（家）	占比
2010年	10	377	16.3%
2011年	9	402	17.4%
2012年	8	353	15.3%
2013年	7	382	16.5%
2014年	6	401	17.3%
2015年	5	290	12.5%
2016年	4	86	3.7%
2017年	3	17	0.7%

续表

注册时间	持续经营时间（年）	企业数（家）	占比
2018年	2	3	0.1%
2019年	1	0	0.0%
2020年	小于1	1	0.0%
瞪羚企业群体		2312	100.0%

（五）瞪羚企业从业人员规模集中分布在300人以内

2020年，2312家瞪羚企业年末从业人员数合计为41.2万人，平均每个企业年末拥有从业人员178人。其中，年末从业人员数在300人以下的企业有1985家，占比为85.9%；100人以下的有1148家，占比为49.7%；50人以下的有458家，占比为19.8%。此外，1000人及以上的有39家，占比为1.7%（表2-13）。

表2-13 瞪羚企业年末从业人员数分布

年末从业员数（人）	企业数（家）	占比
20以下	72	3.1%
20~49	386	16.7%
50~99	690	29.8%
100~299	837	36.2%
300~499	178	7.7%
500~999	110	4.8%
1000及以上	39	1.7%
瞪羚企业群体	2312	100.0%

三、七成瞪羚企业为新晋瞪羚企业

（一）新晋瞪羚企业规模小、增速快

相比瞪羚企业群体，新晋瞪羚企业规模更小、增速更快。从规模来看，新晋瞪羚企业平均年末资产、平均营业收入、平均年末从业人员数等主要经济指标均低于瞪羚

企业群体平均水平。从速度来看，新晋瞪羚企业营业收入3年复合增长率为46.7%，比瞪羚企业群体平均水平高0.5个百分点，表现出更快的增长速度（表2-14）。

表2-14　新晋瞪羚企业与瞪羚企业群体主要经济指标比较

指标	瞪羚企业群体	新晋瞪羚企业
平均年末资产（万元）	2.3	2.0
平均营业收入（万元）	1.4	1.2
营业收入3年复合增长率	46.2%	46.7%
平均年末从业人员数（人）	178	159

（二）2014年为新晋瞪羚企业成立高峰年

新晋瞪羚企业的持续经营时间分布与瞪羚企业群体基本一致，但又稍晚于瞪羚企业群体。1631家新晋瞪羚企业有1527家持续经营时间在2015年及以前，占新晋瞪羚企业的比重为93.6%，这一比重略低于瞪羚企业群体（95.4%）。逐年来看，新晋瞪羚企业成立时间集中在2014年前后。其中，2014年最多，有305家，占比为18.7%；其次为2013年，有261家，占比为16.0%；再次为2015年，有254家，占比为15.6%。而瞪羚企业群体成立时间集中在2011年和2014年，其次为2010年和2013年（图2-3、表2-15）。

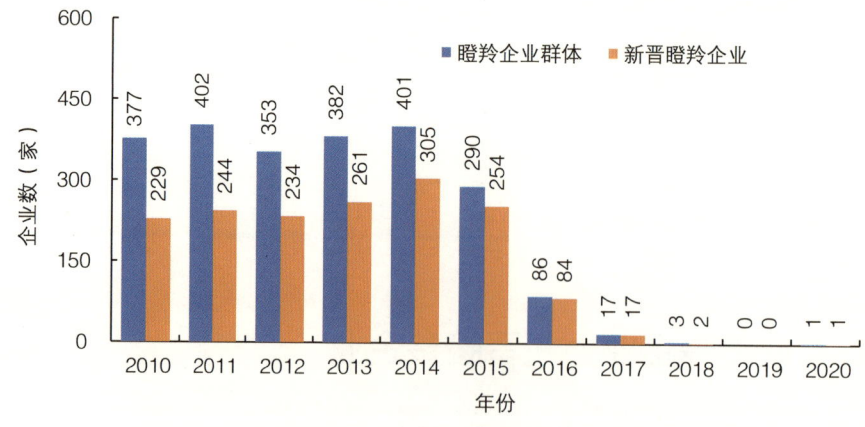

图2-3　新晋瞪羚企业与瞪羚企业群体持续经营时间比较

表2-15 新晋瞪羚企业持续经营时间分布

注册时间	持续经营时间（年）	企业数（家）	占比
2010年	10	229	14.0%
2011年	9	244	15.0%
2012年	8	234	14.3%
2013年	7	261	16.0%
2014年	6	305	18.7%
2015年	5	254	15.6%
2016年	4	84	5.2%
2017年	3	17	1.0%
2018年	2	2	0.1%
2019年	1	0	0.0%
2020年	小于1	1	0.1%
瞪羚企业群体		1631	100.0%

（三）新晋瞪羚企业向节能环保产业倾斜

新晋瞪羚企业中，有1403家企业为战略性新兴产业，占比为86.0%。按照战略性新兴产业分布来看，新晋瞪羚企业产业分布与瞪羚企业群体基本一致，但又向节能环保、新材料、创新创业服务及大数据等符合当前产业发展导向的新兴产业倾斜。

从战略性新兴产业大类来看，新晋瞪羚企业在节能环保产业、新材料产业、相关服务业等三大行业门类的集中度高于瞪羚企业群体（表2-16）。

从战略性新兴产业中类[①]来看，新晋瞪羚企业在节能环保产业大类下的先进环保产业、高效节能产业，新材料产业大类下的先进无机非金属材料、前沿新材料，相关服务业大类下的新技术与创新创业服务，新一代信息技术产业大类下的互联网与云计算、大数据服务，以及生物产业大类下的生物医学工程产业等7个中类的集中度高于

---

① 选取瞪羚企业群体中企业数在50家以上以及新晋瞪羚企业中企业数在30家以上的行业。通过以上两者选取的均为表2-17中的13个中类。

瞪羚企业群体（表2-17）。

表2-16 新晋瞪羚企业与瞪羚企业群体战略性新兴产业大类分布比较

战略性新兴产业大类	瞪羚企业群体占比	新晋瞪羚企业占比	差值
战略性新兴产业	87.2%	86.0%	1.2%
新一代信息技术产业	41.7%	39.4%	2.3%
高端装备制造产业	9.9%	9.6%	0.3%
生物产业	8.9%	8.6%	0.2%
节能环保产业	7.4%	8.5%	−1.1%
新材料产业	5.8%	5.9%	−0.1%
相关服务业	4.6%	5.5%	−0.9%
新能源汽车产业	3.9%	3.7%	0.2%
数字创意产业	2.8%	2.6%	0.2%
新能源产业	2.3%	2.1%	0.1%
非战略性新兴产业	12.8%	14.0%	−1.2%
瞪羚企业群体	100.0%	100.0%	0.0%

表2-17 新晋瞪羚企业与瞪羚企业群体战略性新兴产业中类分布比较

战略性新兴产业中类	瞪羚企业群体占比	新晋瞪羚企业占比	差值
新兴软件和新型信息技术服务	26.8%	25.0%	1.8%
智能制造装备产业	8.0%	7.5%	0.5%
电子核心产业	6.4%	5.9%	0.6%
下一代信息网络产业	4.7%	4.5%	0.2%
先进环保产业	4.4%	5.0%	−0.7%
新技术与创新创业服务	4.3%	5.2%	−0.9%
生物医药产业	4.0%	3.9%	0.2%
互联网与云计算、大数据服务	3.7%	3.9%	−0.2%
生物医学工程产业	3.7%	3.7%	−0.1%

续表

战略性新兴产业中类	瞪羚企业群体占比	新晋瞪羚企业占比	差值
新能源汽车装置、配件制造	2.2%	2.0%	0.3%
先进无机非金属材料	2.1%	2.2%	−0.1%
高效节能产业	2.0%	2.2%	−0.2%
前沿新材料	2.0%	2.1%	−0.1%

对1631家新晋瞪羚企业名称进行分词分析,出现频率较多的关键词为科技、技术、信息技术、信息、智能、网络科技、环保、电子科技、软件、材料、检测、生物科技、光电、医疗、电气、电子、环境、生物等(图2-4);相对瞪羚企业群体,新晋瞪羚企业名称关键词出现频率更高的为网络科技、环保、材料、检测、生物科技等。

图2-4 新晋瞪羚企业名称关键词

(四)超三成新晋瞪羚企业分布在中关村、上海张江和深圳

超三成新晋瞪羚企业分布在中关村(272家,16.7%)、上海张江(166家,10.2%)和深圳(138家,8.5%)。其他分布较多的高新区有南京、广州、苏州工业园区、武汉东湖、厦门、成都、西安、佛山、杭州等(表2-18)。

表2-18 新晋瞪羚企业高新区分布

高新区	新晋瞪羚企业数（家）	占比
中关村	272	16.7%
上海张江	166	10.2%
深圳	138	8.5%
南京	87	5.3%
广州	75	4.6%
苏州工业园区	58	3.6%
武汉东湖	46	2.8%
厦门	40	2.5%
成都	39	2.4%
西安	37	2.3%
佛山	35	2.1%
杭州	32	2.0%
其他	606	37.2%
瞪羚企业群体	1631	100.0%

（五）五成以上新晋瞪羚企业分布在 10 个世界一流高科技园区

新晋瞪羚企业中，有885家分布在世界一流高科技园区，占新晋瞪羚企业的比重为54.3%。其中，中关村有272家，上海张江有166家，深圳有138家，广州有75家，苏州工业园区有58家，武汉东湖有46家，成都有39家，西安有37家，杭州有32家，合肥有22家（表2-19）。

世界一流高科技园区新晋瞪羚企业的平均年末资产、平均营业收入、科技活动经费投入强度等主要经济指标如表2-20所示。数据显示，世界一流高科技园区新晋瞪羚企业经济指标普遍优于新晋瞪羚企业平均水平。

表2-19 世界一流高科技园区新晋瞪羚企业分布

世界一流高科技园区	新晋瞪羚企业数(家)	占比
中关村	272	16.7%
上海张江	166	10.2%
深圳	138	8.5%
广州	75	4.6%
苏州工业园区	58	3.6%
武汉东湖	46	2.8%
成都	39	2.4%
西安	37	2.3%
杭州	32	2.0%
合肥	22	1.3%
瞪羚企业群体	885	54.3%

表2-20 世界一流高科技园区新晋瞪羚企业主要经济指标

世界一流高科技园区	平均年末资产(亿元)	平均营业收入(亿元)	平均出口额(万元)	平均上缴税费(万元)	平均年末从业人员数(人)	净利润率	科技活动经费投入强度	科技活动人员占比
中关村	2.6	1.4	320.3	646.8	157	3.0%	14.2%	39.8%
上海张江	2.9	1.6	1037.1	777.2	202	−4.6%	18.3%	43.4%
深圳	2.1	1.3	2293.5	489.6	151	7.9%	18.1%	40.4%
广州	1.3	1.0	340.4	472.5	96	10.8%	12.1%	43.2%
苏州工业园区	1.7	1.0	2243.0	542.2	102	5.1%	14.5%	48.0%
武汉东湖	2.4	1.1	971.2	553.2	255	10.6%	13.2%	32.1%
成都	0.9	0.8	104.2	341.4	110	14.8%	12.8%	39.1%
西安	1.9	0.9	452.9	397.4	220	16.2%	21.1%	48.5%
杭州	2.7	1.6	1449.2	572.2	218	11.6%	14.8%	39.4%
合肥	1.0	0.7	638.3	233.3	81	13.3%	12.1%	43.0%
平均水平	2.2	1.3	968.7	583.4	162	4.2%	15.8%	41.1%
新晋平均水平	2.0	1.2	924.3	563.0	159	7.5%	13.0%	35.8%

国家高新区瞪羚企业发展报告2021

国家高新区　第三章

瞪羚企业行业及领域分析

一、瞪羚企业行业分布广泛

从《国民经济行业分类》（GB/T 4754—2017）的20个门类行业看，瞪羚企业分布于其中的16个，其中九成以上集中在制造业，信息传输、软件和信息技术服务业，科学研究和技术服务行业。制造业行业的瞪羚企业最多，为1101家，占瞪羚企业总数的47.6%；其次为信息传输、软件和信息技术服务业，瞪羚企业数为795家，占比为34.4%；再次为科学研究和技术服务业，瞪羚企业数为259家，占比为11.2%。以上3个门类行业瞪羚企业合计占比达93.2%（表3-1）。

表3-1 瞪羚企业国民经济门类行业分布

国民经济门类行业	企业数（家）	占比
制造业	1101	47.6%
信息传输、软件和信息技术服务业	795	34.4%
科学研究和技术服务业	259	11.2%
水利、环境和公共设施管理业	37	1.6%
批发和零售业	29	1.3%
租赁和商务服务业	21	0.9%
教育	15	0.6%
建筑业	15	0.6%
电力、热力、燃气及水生产和供应业	10	0.4%

续表

国民经济门类行业	企业数（家）	占比
卫生和社会工作	8	0.3%
文化、体育和娱乐业	6	0.3%
金融业	6	0.3%
居民服务、修理和其他服务业	4	0.2%
采矿业	3	0.1%
农、林、牧、渔业	2	0.1%
交通运输、仓储和邮政业	1	0.0%
瞪羚企业群体	2312	100.0%

瞪羚企业分布于97个国民经济大类行业中的56个。其中，软件和信息技术服务业的瞪羚企业数为671家；计算机、通信和其他电子设备制造业，专用设备制造业的超过200家；互联网和相关服务、通用设备制造业、电气机械和器材制造业、专业技术服务业的瞪羚企业数均超过100家；仪器仪表制造业、科技推广和应用服务业、研究和试验发展、医药制造业的瞪羚企业数均超过60家，合计占瞪羚企业群体的比重达80.3%（表3-2）。

表3-2 瞪羚企业国民经济大类行业分布

国民经济大类行业	企业数（家）	占比
软件和信息技术服务业	671	29.0%
计算机、通信和其他电子设备制造业	219	9.5%
专用设备制造业	204	8.8%
互联网和相关服务	117	5.1%
通用设备制造业	113	4.9%
电气机械和器材制造业	112	4.8%
专业技术服务业	105	4.5%
仪器仪表制造业	97	4.2%
科技推广和应用服务业	82	3.5%

续表

国民经济大类行业	企业数（家）	占比
研究和试验发展	72	3.1%
医药制造业	64	2.8%
其他国民经济大类行业	456	19.7%
瞪羚企业群体	2312	100.0%

二、九成以上瞪羚企业属于高新技术领域

根据《高新技术企业认定管理办法》中企业核心技术所属国家重点支持的高新技术领域，有2230家瞪羚企业属于高新技术领域，占瞪羚企业群体数量的96.5%。其中，电子信息领域的瞪羚企业数最多，为914家，占比为39.5%；其次为先进制造与自动化、高技术服务、生物与新医药等高新技术领域，瞪羚企业数均在200家以上；新材料、资源与环境等高新技术领域的瞪羚企业数均在100家以上（表3-3）。

表3-3 瞪羚企业按高新技术领域大类分布

高新技术领域大类	企业数（家）	占比
高新技术领域	2230	96.5%
电子信息	914	39.5%
先进制造与自动化	401	17.3%
高技术服务	308	13.3%
生物与新医药	220	9.5%
新材料	191	8.3%
资源与环境	104	4.5%
新能源与节能	74	3.2%
航空航天	18	0.8%
非高新技术领域	82	3.5%
瞪羚企业群体	2312	100.0%

从高新技术领域中类来看，软件领域的瞪羚企业数最多，为536家，明显高于其他领域；新型机械、微电子技术、信息技术服务等领域瞪羚企业数均在100家以上；先进制造工艺与装备，研发与设计服务，通信技术，医疗仪器、设备与医学专用软件等领域瞪羚企业数均在70家以上；医药生物技术，高分子材料，金属材料，高性能、智能化仪器仪表，新型电子元器件等领域瞪羚企业数均在50家以上。以上中类领域属于电子信息、先进制造与自动化、高技术服务、生物与新医药和新材料等5个高新技术领域大类（表3-4）。

表3-4 瞪羚企业按高新技术领域中类分布（大于50家）

高新技术领域大类	高新技术领域中类	企业数（家）
电子信息	软件	536
先进制造与自动化	新型机械	122
电子信息	微电子技术	113
高技术服务	信息技术服务	104
先进制造与自动化	先进制造工艺与装备	93
高技术服务	研发与设计服务	92
电子信息	通信技术	76
生物与新医药	医疗仪器、设备与医学专用软件	70
生物与新医药	医药生物技术	64
新材料	高分子材料	55
新材料	金属材料	54
先进制造与自动化	高性能、智能化仪器仪表	53
电子信息	新型电子元器件	52

瞪羚企业按高新技术领域大类分的平均年末资产、平均营业收入、科技活动经费投入强度等主要经济指标如表3-5所示。数据显示，高新技术领域瞪羚企业各项指标均优于瞪羚企业群体平均水平。领域大类具有以下突出特点。

一是，航空航天领域瞪羚企业的平均年末资产、科技活动经费投入强度为领域中最高，但其净利润率为领域大类中最低，为-11.5%。

二是，生物与新医药领域瞪羚企业的平均出口额为领域大类中最高。

三是，新能源与节能领域瞪羚企业的平均营业收入、平均上缴税费为领域大类中最高。

四是，高技术服务领域瞪羚企业的平均年末从业人员数为领域大类中最高。

表3-5 瞪羚企业按高新技术领域大类分的主要经济指标

高新技术领域大类	平均年末资产（亿元）	平均营业收入（亿元）	平均出口额（万元）	平均上缴税费（万元）	平均年末从业人员数（人）	净利润率	科技活动经费投入强度	科技活动人员占比
高新技术领域	2.3	1.4	1140.9	653.8	178	8.9%	13.9%	37.0%
电子信息	2.2	1.4	1198.8	666.5	194	8.1%	16.7%	43.5%
先进制造与自动化	2.0	1.1	1008.7	540.7	130	9.0%	9.9%	28.6%
高技术服务	2.4	1.5	851.8	671.9	228	9.5%	14.0%	37.5%
生物与新医药	2.9	1.4	1684.1	745.7	179	10.6%	17.3%	37.0%
新材料	2.1	1.4	1441.8	587.8	156	9.2%	8.4%	20.7%
资源与环境	2.1	1.2	194.6	724.9	133	13.3%	7.5%	26.8%
新能源与节能	2.7	1.6	1421.1	815.3	157	8.6%	8.3%	26.5%
航空航天	5.7	1.4	575.9	712.4	193	-11.5%	24.1%	37.6%
非高新技术领域	2.2	1.2	217.9	460.3	177	-0.2%	12.3%	29.3%
瞪羚企业群体	2.3	1.4	1108.2	646.9	178	8.6%	13.8%	36.8%

三、近九成瞪羚企业分布于战略性新兴产业

以国家统计局发布的《战略性新兴产业分类（2018）》为标准，根据瞪羚企业所属国民经济小类行业和主营业务范围的划分结果显示，有2017家瞪羚企业分布于战略

性新兴产业，占瞪羚企业群体总数的87.2%。其中，新一代信息技术产业的瞪羚企业数最多，为963家，占瞪羚企业群体总数的41.7%。高端装备制造产业、生物产业等的瞪羚企业数在200家以上。节能环保产业、新材料产业、相关服务业等瞪羚企业数在100家以上（表3-6）。

表3-6　瞪羚企业按战略性新兴产业大类分布

战略性新兴产业大类	企业数（家）	占比
战略性新兴产业	2017	87.2%
新一代信息技术产业	963	41.7%
高端装备制造产业	229	9.9%
生物产业	205	8.9%
节能环保产业	171	7.4%
新材料产业	135	5.8%
相关服务业	106	4.6%
新能源汽车产业	90	3.9%
数字创意产业	65	2.8%
新能源产业	53	2.3%
非战略性新兴产业	295	12.8%
瞪羚企业群体	2312	100.0%

从战略性新兴产业中类来看，新兴软件和新型信息技术服务的瞪羚企业数最多，为619家，明显高于其他新兴产业领域中类；智能制造装备产业、电子核心产业、下一代信息网络产业、先进环保产业、新技术与创新创业服务等新兴产业领域中类的瞪羚企业数在100家以上；生物医药产业，互联网与云计算、大数据服务，生物医学工程产业新兴产业领域中类的瞪羚企业数在80家以上；新能源汽车装置、配件制造，先进无机非金属材料，高效节能产业和前沿新材料新兴产业领域中类的瞪羚企业数在40家以上。以上新兴产业领域中类属于新一代信息技术产业、高端装备制造产业、节能环保产业、相关服务业、生物产业、新能源汽车产业和新材料产业等7个大类（表3-7）。

表3-7 瞪羚企业按战略性新兴产业领域中类分布（大于40家）

高新技术领域大类	高新技术领域中类	企业数（家）
新一代信息技术产业	新兴软件和新型信息技术服务	619
高端装备制造产业	智能制造装备产业	186
新一代信息技术产业	电子核心产业	149
新一代信息技术产业	下一代信息网络产业	108
节能环保产业	先进环保产业	101
相关服务业	新技术与创新创业服务	100
生物产业	生物医药产业	93
新一代信息技术产业	互联网与云计算、大数据服务	85
生物产业	生物医学工程产业	85
新能源汽车产业	新能源汽车装置、配件制造	52
新材料产业	先进无机非金属材料	48
节能环保产业	高效节能产业	47
新材料产业	前沿新材料	46

瞪羚企业按战略性新兴产业大类分的平均年末资产、平均营业收入、科技活动经费投入强度等主要经济指标如表3-8所示。数据显示，战略性新兴产业瞪羚企业的各项财务指标、经济效益指标、科技投入指标均明显优于瞪羚企业群体平均水平。

其中，数字创意产业瞪羚企业表现尤为突出。数字创意产业瞪羚企业的平均年末资产、平均营业收入、平均出口额、平均上缴税费、平均年末从业人员数、净利润率等均明显高于其他新兴产业大类，排在第1位；此外，科技活动人员占比排在第2位；科技活动经费投入强度排在第3位。

生物产业瞪羚企业的科技活动经费投入强度为18.0%，排在第1位；平均出口额为1885.3万元，排在第3位。

新一代信息技术产业瞪羚企业的科技活动人员占比为44.0%，排在第1位；科技活动经费投入强度为16.9%，排在第2位；平均年末从业人员数为202人，排在第2位。

新能源产业瞪羚企业的平均出口额超过2000万元，排在第2位。

表3-8 瞪羚企业按战略性新兴产业大类分的主要经济指标

战略性新兴产业大类	平均年末资产（亿元）	平均营业收入（亿元）	平均出口额（万元）	平均上缴税费（万元）	平均年末从业人员数（人）	净利润率	科技活动经费投入强度	科技活动人员占比
战略性新兴产业	2.4	1.4	1174.9	675.8	181	8.8%	14.3%	37.9%
新一代信息技术产业	2.3	1.4	1157.2	666.3	202	6.6%	16.9%	44.0%
高端装备制造产业	2.0	1.1	688.8	578.2	134	8.1%	12.2%	33.4%
生物产业	3.1	1.5	1855.3	771.0	189	8.6%	18.0%	36.1%
节能环保产业	2.3	1.3	535.7	639.4	140	10.5%	8.4%	26.7%
新材料产业	1.8	1.5	1472.0	553.0	148	9.5%	8.1%	20.8%
相关服务业	2.4	1.1	330.5	544.2	171	14.0%	11.8%	32.9%
新能源汽车产业	2.3	1.9	1463.0	844.7	174	10.1%	7.4%	24.2%
数字创意产业	3.9	1.9	2363.6	1266.5	228	24.1%	15.2%	41.8%
新能源产业	3.3	1.4	2013.2	583.6	186	9.9%	13.5%	26.4%
非战略性新兴产业	1.5	1.1	651.8	449.5	157	6.4%	9.8%	27.9%
瞪羚企业群体	2.3	1.4	1108.2	646.9	178	8.6%	13.8%	36.8%

四、近九成瞪羚企业分布于"三新"

以国家统计局发布的《新产业新业态新商业模式统计分类（2018）》为标准，根据瞪羚企业所属国民经济小类行业和主营业务范围的划分结果显示，有2013家瞪羚企业分布于新产业、新业态、新商业模式（"三新"），占瞪羚企业总数的87.1%。其中，先进制造业瞪羚企业数为935家，占比为40.4%；互联网与现代信息技术服务瞪羚企业数为750家，占比为32.4%；合计占比达72.8%。此外，现代技术服务与创新创业服务瞪羚企业数也超过了200家（表3-9）。

表3-9 瞪羚企业按"三新"分布

"三新"	企业数（家）	占比
"三新"	2013	87.1%
先进制造业	935	40.4%
互联网与现代信息技术服务	750	32.4%
现代技术服务与创新创业服务	209	9.0%
高效节能活动	73	3.2%
现代生产性服务活动	25	1.1%
新型生活性服务活动	12	0.5%
新型能源活动	6	0.3%
现代农林牧渔业	2	0.1%
现代综合管理活动	1	0.0%
非"三新"	299	12.9%
瞪羚企业群体	2312	100.0%

瞪羚企业按"三新"分的平均年末资产、平均营业收入、科技活动经费投入强度等主要经济指标如表3-10所示。数据显示，"三新"瞪羚企业的各项财务指标、经济效益指标、科技投入指标均明显优于瞪羚企业群体平均水平。

其中，新型能源活动瞪羚企业的平均出口额最高，达到3961.0万元，排在第1位。

现代技术服务与创新创业服务瞪羚企业的科技活动经费投入强度最高，为20.1%；科技活动人员占比排在第2位，为38.9%。

互联网与现代信息技术服务瞪羚企业的科技活动人员占比最高，为48.0%；科技活动经费投入强度排在第2位，为18.7%。

表3-10 瞪羚企业按"三新"分的主要经济指标

"三新"	平均年末资产（亿元）	平均营业收入（亿元）	平均出口额（万元）	平均上缴税费（万元）	平均年末从业人员数（人）	净利润率	科技活动经费投入强度	科技活动人员占比
"三新"	2.4	1.4	1174.9	674.3	180	9.0%	14.3%	38.2%
先进制造业	2.3	1.4	1604.0	658.8	152	10.2%	10.2%	28.3%
互联网与现代信息技术服务	2.3	1.4	935.1	720.8	213	6.8%	18.7%	48.0%
现代技术服务与创新创业服务	2.8	1.2	658.6	598.2	192	10.1%	20.1%	38.9%
高效节能活动	2.8	1.4	3.3	704.6	171	12.7%	7.6%	28.7%
现代生产性服务活动	6.1	1.7	0.0	671.3	238	12.5%	12.1%	31.8%
新型生活性服务活动	1.2	1.2	16.3	412.7	175	8.1%	6.2%	17.8%
新型能源活动	1.4	0.9	3961.0	202.8	90	1.5%	6.7%	26.9%
现代农林牧渔业	—	—	—	—	—	—	—	—
现代综合管理活动	—	—	—	—	—	—	—	—
非"三新"	1.6	1.2	659.2	462.6	163	5.4%	10.3%	26.2%
瞪羚企业群体	2.3	1.4	1108.2	646.9	178	8.6%	13.8%	36.8%

注：本报告只展示瞪羚企业数在5家及以上的行业、领域或高新区等的经济指标。

五、近七成瞪羚企业分布于高技术产业

以国家统计局发布的《高技术产业（制造业）分类（2017）》《高技术产业（服务业）分类（2018）》为标准，根据瞪羚企业所属国民经济小类行业和主营业务范围的划分结果显示，有1574家瞪羚企业分布于高技术产业，占瞪羚企业总数的68.1%。其中，高技术制造业为510家，占比为22.1%；高技术服务业为1064家，占比为46.0%（表3-11）。

高技术制造业中，电子及通信设备制造业瞪羚企业数最多，为242家；其次为医疗仪器设备及仪器仪表制造，为162家。高技术服务业中，信息服务瞪羚企业数最多，达到797家。

表3-11 瞪羚企业按高技术产业分布

高技术产业	企业数（家）	占比
高技术产业	1574	68.1%
高技术制造业	510	22.1%
电子及通信设备制造业	242	10.5%
医疗仪器设备及仪器仪表制造业	162	7.0%
医药制造业	64	2.8%
计算机及办公设备制造业	24	1.0%
航空、航天器及设备制造业	18	0.8%
高技术服务业	1064	46.0%
信息服务	797	34.5%
研发与设计服务	81	3.5%
科技成果转化服务	81	3.5%
检验检测服务	44	1.9%
环境监测及治理服务	37	1.6%
专业技术服务业的高技术服务	17	0.7%
电子商务服务	6	0.3%
知识产权及相关法律服务	1	0.0%
非高技术产业	738	31.9%
瞪羚企业群体	2312	100.0%

注：高技术制造业中信息化学品制造业、高技术服务业中其他高技术服务无瞪羚企业。

瞪羚企业按高技术产业分的平均年末资产、平均营业收入、科技活动经费投入强度等主要经济指标如表3-12所示。数据显示，高技术产业瞪羚企业主要经济指标普遍优于瞪羚企业群体平均水平。

表3-12 瞪羚企业按高技术产业主要经济指标

高技术产业	平均年末资产（亿元）	平均营业收入（亿元）	平均出口额（万元）	平均上缴税费（万元）	平均年末从业人员数（人）	净利润率	科技活动经费投入强度	科技活动人员占比
高技术产业	2.5	1.4	1119.8	684.2	191	8.3%	16.2%	41.2%
高技术制造业	2.4	1.3	1805.2	690.7	160	10.4%	11.9%	30.7%
电子及通信设备制造业	2.5	1.4	2092.4	633.9	167	11.2%	12.0%	29.8%
医疗仪器设备及仪器仪表制造业	2.1	1.3	1465.9	755.9	145	12.3%	11.7%	31.9%
医药制造业	2.4	1.3	1726.0	785.7	171	5.9%	9.1%	23.0%
计算机及办公设备制造业	1.2	1.2	2246.8	468.5	123	11.7%	10.0%	43.2%
航空、航天器及设备制造业	7.0	1.5	691.1	826.7	216	-2.0%	22.8%	45.0%
高技术服务业	2.5	1.4	791.3	681.1	206	7.4%	18.2%	45.1%
信息服务	2.3	1.4	883.4	697.8	212	6.3%	18.6%	47.3%
研发与设计服务	4.7	1.6	1405.6	823.3	258	9.1%	29.5%	44.8%
科技成果转化服务	2.4	1.2	228.7	521.6	152	10.3%	10.9%	35.6%
检验检测服务	1.1	0.9	57.1	503.6	203	17.2%	9.7%	27.0%
环境监测及治理服务	2.0	1.3	1.0	545.9	104	11.7%	7.9%	35.9%
专业技术服务业的高技术服务	1.3	1.3	0.0	867.1	189	11.9%	6.4%	26.3%
电子商务服务	16.3	2.3	0.0	325.7	127	11.1%	7.5%	45.2%
知识产权及相关法律服务	—	—	—	—	—	—	—	—
非高技术产业	1.9	1.3	1083.4	567.4	151	9.1%	8.8%	24.9%
瞪羚企业群体	2.3	1.4	1108.2	646.9	178	8.6%	13.8%	36.8%

注：1.高技术制造业中信息化学品制造业、高技术服务业中其他高技术服务无瞪羚企业。
2.本报告只展示瞪羚企业数在5家及以上的行业、领域或高新区等的经济指标。

其中，高技术制造业瞪羚企业的平均出口额是瞪羚企业群体平均水平的1.6倍。高技术制造业中，计算机及办公设备制造业、电子及通信设备制造业等瞪羚企业的平均出口额超过2000万元；医药制造业、医疗仪器设备及仪器仪表制造业等瞪羚企业的平均出口额也明显高于其他产业。

研发与设计服务，航空、航天器及设备制造业，信息服务，计算机及办公设备制造业等瞪羚企业的科技活动经费和人员投入强度较高。

高技术产业瞪羚企业的净利润率略低于瞪羚企业群体平均水平。一方面，高技术制造业中，航空、航天器及设备制造业瞪羚企业的净利润率为−2.0%；另一方面，高技术服务业中，规模最大的信息服务，其净利润率仅为6.3%。

六、近一半瞪羚企业分布于数字经济核心产业

以国家统计局公布《数字经济及其核心产业统计分类（2021）》为标准，根据瞪羚企业所属国民经济小类行业和主营业务范围的划分结果显示，有1098家瞪羚企业分布于数字经济核心产业，占瞪羚企业总数的47.5%。其中，数字技术应用业的瞪羚企业数最多，为775家，占比为33.5%；其次为数字产品制造业，为285家，占比为12.3%；再次为数字要素驱动业，为34家，占比为1.5%；数字产品服务业相对较少，仅为4家，占比为0.2%（表3-13）。

表3-13 瞪羚企业按数字经济核心产业分布

数字经济核心产业	企业数（家）	占比
数字经济核心产业	1098	47.5%
数字技术应用业	775	33.5%
数字产品制造业	285	12.3%
数字要素驱动业	34	1.5%
数字产品服务业	4	0.2%
非数字经济核心产业	1214	52.5%
瞪羚企业群体	2312	100.0%

瞪羚企业按数字经济核心产业分的平均年末资产、平均营业收入、科技活动经费投入强度等主要经济指标如表3-14所示。数据显示，数字经济核心产业瞪羚企业主要经济指标普遍优于瞪羚企业群体平均水平。

其中,数字要素驱动业瞪羚企业的平均年末资产、平均营业收入、平均上缴税费、平均年末从业人员数在数字经济核心产业中居第1位。数字产品制造业瞪羚企业的平均出口额在数字经济核心产业中居第1位。数字技术应用业瞪羚企业的科技活动经费投入强度、科技活动人员占比在数字经济核心产业中居第1位,平均上缴税费、平均年末从业人员数排在第2位。数字经济核心产业瞪羚企业的净利润率低于瞪羚企业群体平均水平。

表3-14 瞪羚企业按数字经济核心产业主要经济指标

高技术产业	平均年末资产（亿元）	平均营业收入（亿元）	平均出口额（万元）	平均上缴税费（万元）	平均年末从业人员数（人）	净利润率	科技活动经费投入强度	科技活动人员占比
数字经济核心产业	2.4	1.4	1156.1	669.9	198	7.5%	16.6%	44.0%
数字技术应用业	2.3	1.4	903.5	698.5	211	6.3%	18.7%	48.0%
数字产品制造业	2.3	1.3	1984.3	595.4	154	10.9%	11.8%	31.7%
数字要素驱动业	5.6	1.9	109.6	707.5	270	6.7%	12.0%	31.3%
数字产品服务业	—	—	—	—	—	—	—	—
非数字经济核心产业	2.2	1.3	1064.8	626.1	161	9.7%	11.2%	28.8%
瞪羚企业群体	2.3	1.4	1108.2	646.9	178	8.6%	13.8%	36.8%

注：本报告只展示瞪羚企业数在5家及以上的行业、领域或高新区等的经济指标。

国家高新区瞪羚企业发展报告2021

第四章

不同类别国家高新区的瞪羚企业表现

一、瞪羚企业分布于142个国家高新区

2020年，拥有瞪羚企业的国家高新区（以下简称高新区）由上年的123个上升到142个，占全部高新区（169个）的84.0%。其中，有24个高新区首次出现瞪羚企业[①]，共拥有瞪羚企业34家（表4-1）。

表4-1 首次出现瞪羚企业的高新区

高新区	企业数（家）	高新区	企业数（家）
长治	1	仙桃	2
呼和浩特	1	衡阳	1
鄂尔多斯	1	常德	3
本溪	1	怀化	1
锦州	2	源城	1
营口	1	清远	1
通化	1	北海	1
大庆	1	德阳	1
徐州	3	绵阳	4
鹰潭	1	安顺	2
莱芜	1	咸阳	1
黄石	1	青海	1

---

① 上年拥有瞪羚企业的123个高新区中，唐山、连云港、焦作、攀枝花和楚雄5个高新区2020年无瞪羚企业。

瞪羚企业数在20家及以上的高新区有23个，这23个高新区共拥有瞪羚企业1788家，占瞪羚企业总数的77.3%。50家及以上的11个高新区共拥有瞪羚企业1431家，占瞪羚企业总数的61.9%。其中，中关村瞪羚企业数为389家，占比为16.8%；上海张江瞪羚企业数为243家，占比为10.5%；此外，深圳、南京、广州等的瞪羚企业数也超过了100家，占比在4.0%以上（表4-2）。

表4-2 瞪羚企业数在20家及以上的高新区

高新区	企业数（家）	占比
中关村	389	16.8%
上海张江	243	10.5%
深圳	187	8.1%
南京	112	4.8%
广州	107	4.6%
苏州工业园	90	3.9%
武汉东湖	78	3.4%
厦门	60	2.6%
成都	57	2.5%
西安	56	2.4%
杭州	52	2.2%
佛山	39	1.7%
长沙	35	1.5%
合肥	34	1.5%
苏州	33	1.4%
珠海	32	1.4%
郑州	30	1.3%
济南	28	1.2%
青岛	28	1.2%
天津	26	1.1%

续表

高新区	企业数（家）	占比
无锡	26	1.1%
常州	26	1.1%
昆山	20	0.9%

2020年，无瞪羚企业的高新区有27个，分别为唐山、承德、辽阳、吉林、延吉、齐齐哈尔、连云港、莆田、吉安、枣庄、黄河三角洲、安阳、平顶山、焦作、随州、潜江、郴州、湛江、茂名、内江、攀枝花、玉溪、楚雄、渭南、银川、昌吉、石河子（表4-3）。

表4-3 无瞪羚企业的高新区

高新区	高新区	高新区
唐山	枣庄	茂名
承德	黄河三角洲	内江
辽阳	安阳	攀枝花
吉林	平顶山	玉溪
延吉	焦作	楚雄
齐齐哈尔	随州	渭南
连云港	潜江	银川
莆田	郴州	昌吉
吉安	湛江	石河子

世界一流高科技园区是瞪羚企业茁壮成长的主要阵地。分三类园区看，超过半数的瞪羚企业（1293家）分布于10个世界一流高科技园区，占瞪羚企业总数的比重为55.9%；365家瞪羚企业分布于18个创新型科技园区，占比为15.8%；320家瞪羚企业分布于27个创新型特色园区，占比为13.8%；其余334家瞪羚企业分布于87个其他园

区，占比为14.4%①②（图4-1）。

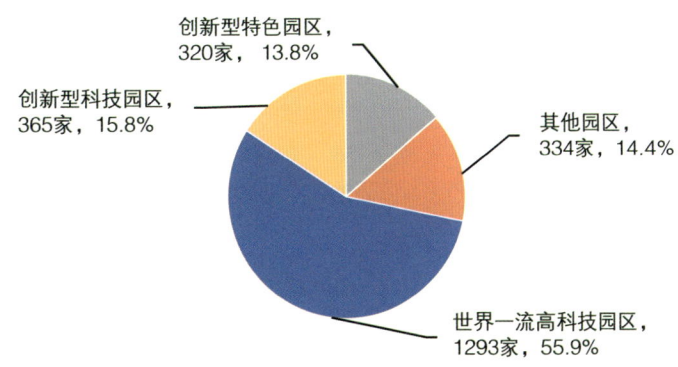

图4-1 瞪羚企业3类园区和其他园区分布

二、世界一流高科技园区的瞪羚企业有1293家

瞪羚企业中，有1293家企业分布在10个世界一流高科技园区，占瞪羚企业群体的比重为55.9%。其中，中关村有瞪羚企业389家，上海张江有243家，深圳有187家，广州有107家，苏州工业园区有90家，武汉东湖有78家，成都有57家，西安有56家，杭州有52家，合肥有34家（表4-4）。

表4-4 世界一流高科技园区瞪羚企业分布

世界一流高科技园区	企业数（家）	占一流园区瞪羚企业的比例
中关村	389	30.1%
上海张江	243	18.8%
深圳	187	14.5%
广州	107	8.3%
苏州工业园区	90	7.0%

---

① 按照科技部火炬中心对园区的分类指导，截至2020年底，建设世界一流高科技园区的高新区有10个，创新型科技园区有18个，创新型特色园区有29个。其中，无锡宜兴环保园未单独统计，并入无锡高新区，归属创新型科技园区，故创新型特色园区按28个计算。另外，由于统计口径问题，南京江宁园扩大为南京高新区。

② 除世界一流高科技园区、创新型特色园区、创新型科技园区3类园区以外的高新区统称为其他园区，为94个。

续表

世界一流高科技园区	企业数（家）	占一流园区瞪羚企业的比例
武汉东湖	78	6.0%
成都	57	4.4%
西安	56	4.3%
杭州	52	4.0%
合肥	34	2.6%
瞪羚企业群体	1293	100.0%

世界一流高科技园区瞪羚企业的平均年末资产、平均营业收入、科技活动经费投入强度等主要经济指标如表4-5所示。数据显示，世界一流高科技园区瞪羚企业的平均年末资产、平均上缴税费、科技活动经费和人员投入强度等明显优于瞪羚企业群体平均水平。

表4-5 世界一流高科技园区瞪羚企业主要经济指标

世界一流高科技园区	平均年末资产（亿元）	平均营业收入（亿元）	平均出口额（万元）	平均上缴税费（万元）	平均年末从业人员数（人）	净利润率	科技活动经费投入强度	科技活动人员占比
中关村	3.0	1.5	531.0	743.8	183	3.2%	16.1%	40.8%
上海张江	3.2	1.7	1071.1	829.6	194	−0.5%	17.7%	44.6%
深圳	2.2	1.5	1876.5	607.7	176	9.2%	16.4%	37.9%
广州	1.5	1.0	620.8	439.8	133	6.3%	14.2%	39.3%
苏州工业园区	2.0	1.2	2211.2	581.4	111	8.8%	12.4%	49.4%
武汉东湖	2.9	1.5	1754.0	769.4	246	16.7%	11.5%	35.8%
成都	2.0	1.1	978.5	555.2	159	17.0%	15.3%	40.3%
西安	2.1	1.0	678.3	478.3	214	15.4%	18.8%	41.9%
杭州	2.9	1.7	1031.6	873.9	296	9.8%	19.4%	43.4%
合肥	1.3	1.0	466.4	354.8	141	13.9%	16.8%	56.3%
平均水平	2.6	1.4	1069.8	680.5	182	6.0%	16.1%	41.6%
群体平均水平	2.3	1.4	1108.2	646.9	178	8.6%	13.8%	36.8%

三、创新型科技园区的瞪羚企业有365家

18个创新型科技园区共有瞪羚企业365家，占瞪羚企业群体的比重为15.8%。其中，厦门创新型科技园区瞪羚企业最多，有60家；长沙、苏州、郑州创新型科技园区瞪羚企业数超过30家；济南、青岛创新型科技园区各有瞪羚企业28家；天津、无锡、常州创新型科技园区各有瞪羚企业26家（表4-6）。

表4-6　创新型科技园区瞪羚企业分布

创新型科技园区	企业数（家）	占创新型科技园区瞪羚企业比例
厦门	60	16.4%
长沙	35	9.6%
苏州	33	9.0%
郑州	30	8.2%
济南	28	7.7%
青岛	28	7.7%
天津	26	7.1%
无锡	26	7.1%
常州	26	7.1%
中山	19	5.2%
宁波	15	4.1%
洛阳	10	2.7%
长春	9	2.5%
潍坊	8	2.2%
淄博	6	1.6%
威海	3	0.8%
宝鸡	2	0.5%
大庆	1	0.3%
瞪羚企业群体	365	100.0%

创新型科技园区瞪羚企业的平均年末资产、平均营业收入、科技活动经费投入强度等主要经济指标如表4-7所示。数据显示，创新型科技园区瞪羚企业的平均出口额、平均上缴税费、净利润率优于瞪羚企业群体平均水平。

表4-7 创新型科技园区瞪羚企业主要经济指标

创新型科技园区	平均年末资产（亿元）	平均营业收入（亿元）	平均出口额（万元）	平均上缴税费（万元）	平均年末从业人员数（人）	净利润率	科技活动经费投入强度	科技活动人员占比
厦门	2.2	1.3	2626.0	687.0	196	27.0%	20.1%	52.2%
长沙	1.5	1.2	726.4	772.5	210	17.2%	10.4%	39.9%
苏州	1.7	1.1	1235.4	611.3	137	11.6%	12.3%	30.5%
郑州	0.8	0.7	179.3	427.9	124	18.5%	9.4%	34.3%
济南	1.5	1.3	112.2	738.9	152	14.7%	7.5%	36.4%
青岛	2.4	1.9	968.3	857.2	203	11.4%	6.9%	31.5%
天津	1.6	1.4	420.0	863.3	181	19.3%	12.6%	39.9%
无锡	1.9	1.1	696.7	521.1	130	8.8%	10.2%	33.3%
常州	3.1	1.5	1075.8	640.6	235	5.9%	6.6%	16.8%
中山	2.6	1.0	1887.9	422.2	194	23.2%	27.1%	35.3%
宁波	1.4	1.1	192.2	600.8	113	15.3%	7.7%	27.7%
洛阳	1.3	0.9	131.5	557.4	136	12.4%	6.8%	17.4%
长春	6.7	2.0	113.3	1099.3	231	1.9%	24.3%	44.6%
潍坊	1.7	1.3	704.7	401.7	131	5.3%	6.9%	28.7%
淄博	1.2	0.8	868.5	410.4	122	18.6%	11.6%	26.9%
平均水平	2.0	1.2	1029.6	656.7	174	15.4%	12.4%	35.9%
群体平均水平	2.3	1.4	1108.2	646.9	178	8.6%	13.8%	36.8%

注：本报告只展示瞪羚企业数在5家及以上的行业、领域或高新区等的经济指标。

四、创新型特色园区的瞪羚企业有320家

27个创新型特色园区共有瞪羚企业320家，占瞪羚企业总数的13.8%。其中，南

京创新型特色园区瞪羚企业最多，有112家，占创新型特色园区瞪羚企业总量的1/3以上；其次为佛山创新型特色园区，有39家；昆山创新型特色园区有20家（表4-8）。

表4-8 创新型特色园区瞪羚企业分布

创新型特色园区	企业数（家）	占创新型特色园区内瞪羚企业的比例
南京	112	35.0%
佛山	39	12.2%
昆山	20	6.3%
大连	18	5.6%
惠州	13	4.1%
常熟	12	3.8%
泰州	11	3.4%
江门	11	3.4%
武进	10	3.1%
荆门	10	3.1%
石家庄	8	2.5%
株洲	8	2.5%
保定	6	1.9%
江阴	6	1.9%
蚌埠	6	1.9%
湘潭	5	1.6%
南宁	5	1.6%
泸州	5	1.6%
宜昌	4	1.3%
烟台	2	0.6%
柳州	2	0.6%
昆明	2	0.6%
包头	1	0.3%

续表

创新型特色园区	企业数（家）	占创新型特色园区内瞪羚企业的比例
襄阳	1	0.3%
桂林	1	0.3%
安康	1	0.3%
乌鲁木齐	1	0.3%
瞪羚企业群体	320	100.0%

创新型特色园区瞪羚企业的平均年末资产、平均营业收入、科技活动经费投入强度等主要经济指标如表4-9所示。数据显示，创新型特色园区瞪羚企业的净利润率高于瞪羚企业群体平均水平。

表4-9 创新型特色园区瞪羚企业主要经济指标

创新型特色园区	平均年末资产（亿元）	平均营业收入（亿元）	平均出口额（万元）	平均上缴税费（万元）	平均年末从业人员数（人）	净利润率	科技活动经费投入强度	科技活动人员占比
南京	1.6	1.0	793.2	590.1	135	16.7%	13.1%	44.2%
佛山	0.9	0.8	1377.7	345.2	94	6.3%	6.9%	22.9%
昆山	1.8	1.3	658.1	552.9	260	3.3%	14.1%	21.5%
大连	1.9	1.3	832.4	684.3	302	8.6%	9.2%	27.3%
惠州	1.0	0.9	711.0	605.3	122	9.0%	7.0%	20.6%
常熟	1.7	1.7	3803.6	418.8	192	4.2%	6.2%	14.1%
泰州	2.3	1.3	580.4	1085.1	196	7.4%	6.8%	12.4%
江门	1.4	1.5	2536.1	457.2	176	5.7%	4.4%	12.2%
武进	1.6	1.0	270.1	828.0	130	15.2%	12.2%	35.0%
荆门	1.6	1.7	390.1	403.7	203	5.1%	5.6%	14.3%
石家庄	0.9	0.6	0.0	389.5	75	14.1%	7.9%	37.2%
株洲	2.1	2.0	2243.3	520.2	260	11.0%	5.6%	17.5%
保定	0.5	0.5	0.0	172.4	96	8.8%	7.3%	18.4%

续表

创新型特色园区	平均年末资产（亿元）	平均营业收入（亿元）	平均出口额（万元）	平均上缴税费（万元）	平均年末从业人员数（人）	净利润率	科技活动经费投入强度	科技活动人员占比
江阴	1.3	0.8	1075.0	690.3	124	17.0%	7.3%	20.3%
蚌埠	6.2	0.8	0.0	363.2	130	6.9%	21.0%	22.2%
湘潭	4.9	2.1	708.4	1440.1	221	10.9%	7.4%	28.3%
南宁	1.0	1.0	0.1	543.6	124	16.0%	8.6%	49.7%
泸州	2.8	1.7	877.7	719.3	393	9.1%	4.8%	13.3%
平均水平	1.7	1.1	933.8	551.8	160	10.5%	9.6%	28.0%
群体平均水平	2.3	1.4	1108.2	646.9	178	8.6%	13.8%	36.8%

注：本报告只展示瞪羚企业数在5家及以上的行业、领域或高新区等的经济指标。

五、其他园区的瞪羚企业有334家

其余87个其他园区共有瞪羚企业334家，占瞪羚企业总数的14.4%。其中，珠海园区瞪羚企业最多，有32家；其次为东莞、萧山、重庆、南通、福州、临沂、益阳、上海紫竹等园区，均超过10家（表4-10）。

表4-10 其他园区瞪羚企业分布

其他园区	企业数（家）	其他园区	企业数（家）	其他园区	企业数（家）
珠海	32	济宁	4	南阳	2
东莞	15	泰安	4	仙桃	2
萧山	13	绵阳	4	海口	2
重庆	13	阜新	3	荣昌	2
南通	12	徐州	3	安顺	2
福州	11	盐城	3	兰州	2
临沂	11	宿迁	3	石嘴山	2
益阳	11	嘉兴	3	燕郊	1
上海紫竹	10	湖州	3	长治	1

续表

其他园区	企业数（家）	其他园区	企业数（家）	其他园区	企业数（家）
肇庆	9	衢州	3	呼和浩特	1
镇江	8	铜陵	3	鄂尔多斯	1
温州	8	赣州	3	本溪	1
南昌	8	常德	3	营口	1
太原	7	汕头	3	长春净月	1
沈阳	7	锦州	2	通化	1
黄冈	7	淮安	2	淮南	1
咸宁	7	扬州	2	漳州	1
贵阳	7	绍兴	2	龙岩	1
璧山	6	芜湖	2	九江	1
孝感	5	马鞍山	2	鹰潭	1
鞍山	4	三明	2	抚州	1
哈尔滨	4	景德	2	莱芜	1
泉州	4	新余	2	德州	1
宜春	4	新乡	2	黄石	1
荆州	1	永川	1	渭南	1
衡阳	1	自贡	1	白银	1
怀化	1	德阳	1	青海	1
源城	1	乐山	1	合计	334
清远	1	杨凌	1		
北海	1	咸阳	1		

其他园区瞪羚企业的平均年末资产、平均营业收入、科技活动经费投入强度等主要经济指标如表4-11所示。数据显示，其他园区瞪羚企业的平均出口额、平均年末从业人员、净利润率等高于瞪羚企业群体平均水平。

表4-11 其他园区瞪羚企业主要经济指标

其他园区	平均年末资产（亿元）	平均营业收入（亿元）	平均出口额（万元）	平均上缴税费（万元）	平均年末从业人员数（人）	净利润率	科技活动经费投入强度	科技活动人员占比
珠海	2.1	1.4	1509.7	597.0	184	10.6%	10.0%	26.6%
东莞	1.4	1.0	1739.5	300.8	141	4.6%	13.0%	37.5%
萧山	1.5	1.7	998.1	746.4	229	15.1%	17.3%	46.7%
重庆	2.7	1.8	160.9	1104.4	256	12.4%	9.1%	23.6%
南通	1.4	1.1	2215.0	417.5	184	10.2%	7.2%	19.1%
福州	1.7	0.9	2927.2	262.2	143	3.8%	14.7%	23.2%
临沂	3.0	1.5	738.6	871.0	227	21.0%	10.7%	35.4%
益阳	0.7	1.8	278.8	453.0	162	7.9%	6.6%	21.5%
上海紫竹	0.8	1.3	189.3	276.7	114	5.2%	9.6%	24.2%
肇庆	5.0	2.7	42.5	2419.0	231	26.5%	17.5%	60.6%
镇江	1.1	0.9	649.2	295.7	123	8.8%	7.3%	19.2%
温州	2.5	1.8	4947.7	929.1	203	13.5%	6.8%	18.0%
南昌	0.8	0.7	0.0	233.4	96	8.8%	9.5%	34.6%
太原	0.8	0.6	0.0	215.7	104	9.7%	10.1%	73.1%
沈阳	3.8	1.7	850.5	840.9	263	5.5%	11.4%	24.3%
黄冈	2.1	1.1	3035.3	673.2	188	13.6%	7.3%	17.7%
咸宁	0.7	1.8	40.2	681.3	119	9.3%	9.2%	16.5%
贵阳	1.1	1.2	0.0	328.4	175	12.7%	5.8%	17.2%
璧山	1.5	2.2	4163.3	939.7	158	6.3%	12.6%	21.8%
孝感	2.2	1.8	297.0	665.1	149	9.7%	7.4%	37.4%
平均水平	2.1	1.4	1509.7	597.0	184	10.6%	10.0%	26.6%
群体平均水平	2.3	1.4	1108.2	646.9	178	8.6%	13.8%	36.8%

注：本报告只展示瞪羚企业数在5家及以上的行业、领域或高新区等的经济指标。

六、稳定期高新区的瞪羚企业有1960家

1960家瞪羚企业分布于53个稳定期高新区[①],占瞪羚企业总数的84.8%;其余352家瞪羚企业分布于89个新升级高新区,占瞪羚企业总数的15.2%。新升级高新区的瞪羚企业数普遍低于20家(图4-2、表4-12、表4-13)。

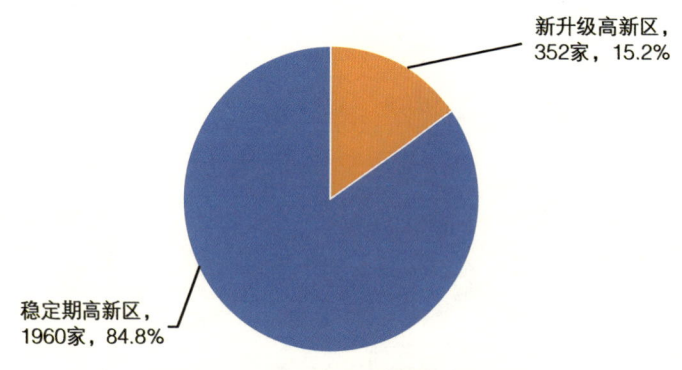

图4-2 瞪羚企业稳定期高新区分布

表4-12 稳定期高新区瞪羚企业分布

稳定期高新区	企业数(家)	占稳定期高新区内瞪羚企业的比例
中关村	389	19.8%
上海张江	243	12.4%
深圳	187	9.5%
南京	112	5.7%
广州	107	5.5%
苏州工业园区	90	4.6%
武汉东湖	78	4.0%
厦门	60	3.1%
成都	57	2.9%
西安	56	2.9%

---

① 稳定期高新区为1997年底前认定的国家高新区和苏州工业园区,截至2020年底有54个,其中53个有瞪羚企业,吉林高新区无瞪羚企业。其他高新区为新升级高新区,截至2020年底有115个,其中89个有瞪羚企业。

续表

稳定期高新区	企业数（家）	占稳定期高新区内瞪羚企业的比例
杭州	52	2.7%
其他	529	27.0%
合计	1960	100.0%

表4-13 新升级高新区瞪羚企业分布

新升级高新区	企业数（家）	占新升级高新区内瞪羚企业的比例
昆山	20	5.7%
宁波	15	4.3%
东莞	15	4.3%
萧山	13	3.7%
常熟	12	3.4%
南通	12	3.4%
泰州	11	3.1%
临沂	11	3.1%
益阳	11	3.1%
江门	11	3.1%
上海紫竹	10	2.8%
武进	10	2.8%
荆门	10	2.8%
其他	76	54.3%
合计	352	100.0%

稳定期高新区与新升级高新区瞪羚企业的平均年末资产、平均营业收入、科技活动经费投入强度等主要经济指标如表4-14、表4-15所示。数据显示，稳定期高新区的瞪羚企业拥有更高的平均出口额，并且科技活动经费投入强度、科技活动人员占比等明显高于新升级高新区瞪羚企业。

表4-14 稳定期高新区瞪羚企业主要经济指标

稳定期高新区	平均年末资产（亿元）	平均营业收入（亿元）	平均出口额（万元）	平均上缴税费（万元）	平均年末从业人员数（人）	净利润率	科技活动经费投入强度	科技活动人员占比
中关村	3.0	1.5	531.0	743.8	183	3.2%	16.1%	40.8%
上海张江	3.2	1.7	1071.1	829.6	194	−0.5%	17.7%	44.6%
深圳	2.2	1.5	1876.5	607.7	176	9.2%	16.4%	37.9%
南京	1.6	1.0	793.2	590.1	135	16.7%	13.1%	44.2%
广州	1.5	1.0	620.8	439.8	133	6.3%	14.2%	39.3%
苏州工业园区	2.0	1.2	2211.2	581.4	111	8.8%	12.4%	49.4%
武汉东湖	2.9	1.5	1754.0	769.4	246	16.7%	11.5%	35.8%
厦门	2.2	1.3	2626.0	687.0	196	27.0%	20.1%	52.2%
成都	2.0	1.1	978.5	555.2	159	17.0%	15.3%	40.3%
西安	2.1	1.0	678.3	478.3	214	15.4%	18.8%	41.9%
杭州	2.9	1.7	1031.6	873.9	296	9.8%	19.4%	43.4%
佛山	0.9	0.8	1377.7	345.2	94	6.3%	6.9%	22.9%
长沙	1.5	1.2	726.4	772.5	210	17.2%	10.4%	39.9%
合肥	1.3	1.0	466.4	354.8	141	13.9%	16.8%	56.3%
苏州	1.7	1.1	1235.4	611.3	137	11.6%	12.3%	30.5%
珠海	1.4	1.0	1739.5	300.8	141	4.6%	13.0%	37.5%
郑州	0.8	0.7	179.3	427.9	124	18.5%	9.4%	34.3%
济南	1.5	1.3	112.2	738.9	152	14.7%	7.5%	36.4%
青岛	2.4	1.9	968.3	857.2	203	11.4%	6.9%	31.5%
天津	1.6	1.4	420.0	863.3	181	19.3%	12.6%	39.9%
无锡	1.9	1.1	696.7	521.1	130	8.8%	10.2%	33.3%
常州	3.1	1.5	1075.8	640.6	235	5.9%	6.6%	16.8%
中山	2.6	1.0	1887.9	422.2	194	23.2%	27.1%	35.3%
大连	1.9	1.3	832.4	684.3	302	8.6%	9.2%	27.3%

续表

稳定期高新区	平均年末资产（亿元）	平均营业收入（亿元）	平均出口额（万元）	平均上缴税费（万元）	平均年末从业人员数（人）	净利润率	科技活动经费投入强度	科技活动人员占比
惠州	1.0	0.9	711.0	605.3	122	9.0%	7.0%	20.6%
重庆	1.4	1.1	2215.0	417.5	184	10.2%	7.2%	19.1%
福州	3.0	1.5	738.6	871.0	227	21.0%	10.7%	35.4%
洛阳	1.3	0.9	131.5	557.4	136	12.4%	6.8%	17.4%
长春	6.7	2.0	113.3	1099.3	231	1.9%	24.3%	44.6%
石家庄	0.9	0.6	0.0	389.5	75	14.1%	7.9%	37.2%
南昌	0.8	0.7	0.0	233.4	96	8.8%	9.5%	34.6%
潍坊	1.7	1.3	704.7	401.7	131	5.3%	6.9%	28.7%
株洲	2.1	2.0	2243.3	520.2	260	11.0%	5.6%	17.5%
太原	0.8	0.6	0.0	215.7	104	9.7%	10.1%	73.1%
沈阳	3.8	1.7	850.5	840.9	263	5.5%	11.4%	24.3%
贵阳	1.1	1.2	0.0	328.4	175	12.7%	5.8%	17.2%
保定	0.5	0.5	0.0	172.4	96	8.8%	7.3%	18.4%
淄博	1.2	0.8	868.5	410.4	122	18.6%	11.6%	26.9%
南宁	1.0	1.0	0.1	543.6	124	16.0%	8.6%	49.7%
平均水平	2.3	1.3	1044.9	646.2	175	8.3%	14.7%	39.5%
群体平均水平	2.3	1.4	1108.2	646.9	178	8.6%	13.8%	36.8%

表4-15 新升级高新区瞪羚企业主要经济指标

新升级高新区	平均年末资产（亿元）	平均营业收入（亿元）	平均出口额（万元）	平均上缴税费（万元）	平均年末从业人员数（人）	净利润率	科技活动经费投入强度	科技活动人员占比
昆山	1.8	1.3	658.1	552.9	260	3.3%	14.1%	21.5%
宁波	1.4	1.1	192.2	600.8	113	15.3%	7.7%	27.7%
东莞	1.5	1.7	998.1	746.4	229	15.1%	17.3%	46.7%
萧山	2.7	1.8	160.9	1104.4	256	12.4%	9.1%	23.6%

续表

新升级高新区	平均年末资产（亿元）	平均营业收入（亿元）	平均出口额（万元）	平均上缴税费（万元）	平均年末从业人员数（人）	净利润率	科技活动经费投入强度	科技活动人员占比
常熟	1.7	1.7	3803.6	418.8	192	4.2%	6.2%	14.1%
南通	1.7	0.9	2927.2	262.2	143	3.8%	14.7%	23.2%
泰州	2.3	1.3	580.4	1085.1	196	7.4%	6.8%	12.4%
临沂	0.7	1.8	278.8	453.0	162	7.9%	6.6%	21.5%
益阳	0.8	1.3	189.3	276.7	114	5.2%	9.6%	24.2%
江门	1.4	1.5	2536.1	457.2	176	5.7%	4.4%	12.2%
上海紫竹	5.0	2.7	42.5	2419.0	231	26.5%	17.5%	60.6%
武进	1.6	1.0	270.1	828.0	130	15.2%	12.2%	35.0%
荆门	1.6	1.7	390.1	403.7	203	5.1%	5.6%	14.3%
肇庆	1.1	0.9	649.2	295.7	123	8.8%	7.3%	19.2%
镇江	2.5	1.8	4947.7	929.1	203	13.5%	6.8%	18.0%
温州	0.9	0.9	74.7	337.3	85	3.9%	5.8%	37.3%
黄冈	2.1	1.1	3035.3	673.2	188	13.6%	7.3%	17.7%
咸宁	0.7	1.8	40.2	681.3	119	9.3%	9.2%	16.5%
江阴	1.3	0.8	1075.0	690.3	124	17.0%	7.3%	20.3%
蚌埠	6.2	0.8	0.0	363.2	130	6.9%	21.0%	22.2%
璧山	1.5	2.2	4163.3	939.7	158	6.3%	12.6%	21.8%
孝感	2.2	1.8	297.0	665.1	149	9.7%	7.4%	37.4%
湘潭	4.9	2.1	708.4	1440.1	221	10.9%	7.4%	28.3%
泸州	2.8	1.7	877.7	719.3	393	9.1%	4.8%	13.3%
平均水平	2.2	1.5	1460.4	651.0	194	9.8%	9.6%	22.8%
群体平均水平	2.3	1.4	1108.2	646.9	178	8.6%	13.8%	36.8%

七、国家自主创新示范区的瞪羚企业有2041家

2041家瞪羚企业分布于21个国家自主创新示范区[①],占瞪羚企业总数的88.3%;其余271家瞪羚企业分布于非国家自主创新示范区,占瞪羚企业总数的11.7%(图4-3)。

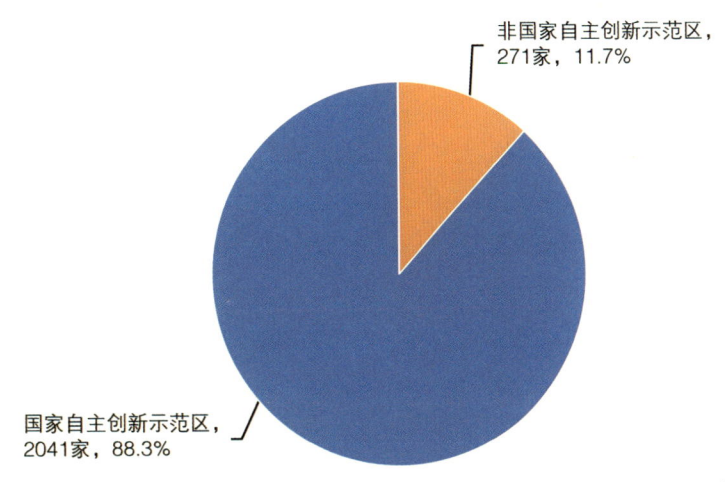

图4-3　瞪羚企业国家自主创新示范区分布

瞪羚企业数排名居前5位的国家自主创新示范区依次为中关村、苏南、珠三角、上海张江和深圳,合计为1395家,占全部国家自主创新示范区瞪羚企业的比重为68.3%(表4-16)。

国家自主创新示范区瞪羚企业的平均年末资产、平均营业收入、科技活动经费投入强度等主要经济指标如表4-17所示。数据显示,国家自主创新示范区瞪羚企业的平均出口额、平均年末从业人员数、净利润率等高于瞪羚企业群体平均水平。

表4-16　国家自主创新示范区瞪羚企业分布

国家自主创新示范区	企业数(家)	占国家自主创新示范区内瞪羚企业的比例
中关村	389	19.1%
苏南	331	16.2%
珠三角	245	12.0%

---

① 截至2020年底,国务院批准国家自主创新示范区21个(名单如表4-16所示),共涉及59个高新区。

续表

国家自主创新示范区	企业数（家）	占国家自主创新示范区内瞪羚企业的比例
上海张江	243	11.9%
深圳	187	9.2%
武汉东湖	78	3.8%
山东半岛	75	3.7%
福厦泉	75	3.7%
杭州	65	3.2%
成都	57	2.8%
西安	56	2.7%
长株潭	48	2.4%
郑洛新	42	2.1%
合芜蚌	42	2.1%
天津	26	1.3%
沈大	25	1.2%
浙东南	23	1.1%
江西	17	0.8%
重庆	13	0.6%
兰白	3	0.1%
乌昌石	1	0.0%
合计	2041	100.0%

表4-17 国家自主创新示范区瞪羚企业主要经济指标

国家自主创新示范区	平均年末资产（亿元）	平均营业收入（亿元）	平均出口额（万元）	平均上缴税费（万元）	平均年末从业人员数（人）	净利润率	科技活动经费投入强度	科技活动人员占比
中关村	3.0	1.5	531.0	743.8	183	3.2%	16.1%	40.8%
苏南	1.9	1.2	1319.0	603.3	145	11.2%	11.7%	35.8%
珠三角	2.2	1.5	1338.3	599.4	182	9.8%	9.6%	23.7%

续表

国家自主创新示范区	平均年末资产（亿元）	平均营业收入（亿元）	平均出口额（万元）	平均上缴税费（万元）	平均年末从业人员数（人）	净利润率	科技活动经费投入强度	科技活动人员占比
上海张江	1.4	1.0	1100.6	428.3	139	8.4%	13.2%	34.6%
深圳	3.2	1.7	1071.1	829.6	194	−0.5%	17.7%	44.6%
武汉东湖	2.2	1.5	1876.5	607.7	176	9.2%	16.4%	37.9%
山东半岛	2.9	1.5	1754.0	769.4	246	16.7%	11.5%	35.8%
福厦泉	1.9	1.4	548.0	699.3	175	11.9%	7.4%	31.7%
杭州	2.3	1.3	2213.9	683.1	199	24.9%	18.3%	48.3%
成都	2.8	1.7	857.5	920.0	288	10.4%	17.2%	39.9%
西安	2.0	1.1	978.5	555.2	159	17.0%	15.3%	40.3%
长株潭	2.1	1.0	678.3	478.3	214	15.4%	18.8%	41.9%
郑洛新	1.9	1.4	977.3	800.0	219	14.8%	8.8%	34.2%
合芜蚌	0.9	0.7	159.4	440.4	123	16.4%	8.6%	29.9%
天津	2.1	1.0	377.6	351.9	143	12.5%	16.2%	49.2%
沈大	1.6	1.4	420.0	863.3	181	19.3%	12.6%	39.9%
浙东南	2.4	1.4	837.4	728.2	291	7.6%	9.9%	26.5%
江西	1.2	1.1	151.3	509.1	103	11.9%	7.1%	30.4%
重庆	2.3	1.6	2846.2	659.1	232	6.8%	7.3%	20.8%
平均水平	1.4	1.1	2215.0	417.5	184	10.2%	7.2%	19.1%
群体平均水平	2.3	1.4	1108.2	646.9	178	8.6%	13.8%	36.8%

注：本报告只展示瞪羚企业数在5家及以上的行业、领域或高新区等的经济指标。

国家高新区瞪羚企业发展报告2021

国家高新区

第五章

瞪羚企业创新发展分析

一、瞪羚企业创新要素投入保持活跃

根据对2312家瞪羚企业2016—2020年的创新发展情况监测发现，其创新要素投入规模进一步扩大，投入强度保持较高水平。2020年，科技活动经费投入规模达435.2亿元，3年复合增长率为34.2%，科技活动投入强度为13.8%。开展产学研合作经费投入与占企业科技活动经费投入的6.4%。科技活动人员数3年复合增长率为17.4%，占从业人员的比重为36.8%。本科及以上学历从业人员数3年复合增长率为19.9%，占从业人员的比重为56.6%。超五成瞪羚企业设立了研究机构，研究机构数合计为1525个。

（一）科技活动经费投入持续活跃

1. 科技活动经费投入规模3年复合增长率高达34.2%

瞪羚企业科技活动经费投入规模进一步扩大。2020年，瞪羚企业科技活动经费投入规模达435.2亿元，比2019年增加76.6亿元，约是2016年的4.7倍，3年复合增长率高达34.2%（图5-1）。

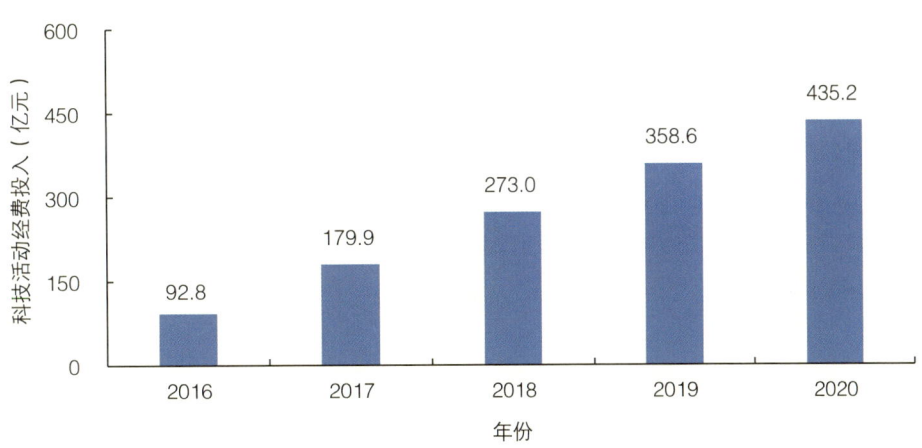

图5-1 2016—2020年瞪羚企业科技活动经费投入

从投入分布来看，超九成瞪羚企业科技活动经费投入分布在100万～5000万元。2020年，2312家瞪羚企业平均科技活动经费投入达到1882.5万元。其中，92.2%的瞪羚企业科技活动经费投入分布在100万～5000万元，科技活动经费投入低于100万元的占比为1.2%，1亿元及以上占比为2.3%（表5-1）。

表5-1 2020年瞪羚企业科技活动经费投入分布

科技活动经费投入（元）	企业数（家）	占比
0～100万	28	1.2%
100万～500万	713	30.8%
500万～1000万	607	26.3%
1000万～2000万	473	20.5%
2000万～5000万	339	14.7%
5000万～1亿	99	4.3%
1亿～2亿	32	1.4%
2亿～5亿	16	0.7%
5亿及以上	5	0.2%
瞪羚企业群体	2312	100.0%

2.科技活动经费投入强度保持在13%以上

"十三五"时期,瞪羚企业科技活动经费投入强度保持在13%以上的水平。其中,瞪羚企业科技活动经费投入强度在2017年达到最高,为16.8%;其次为2018年,科技活动经费投入强度为16.5%;2020年,科技活动经费投入强度为13.8%(图5-2)。

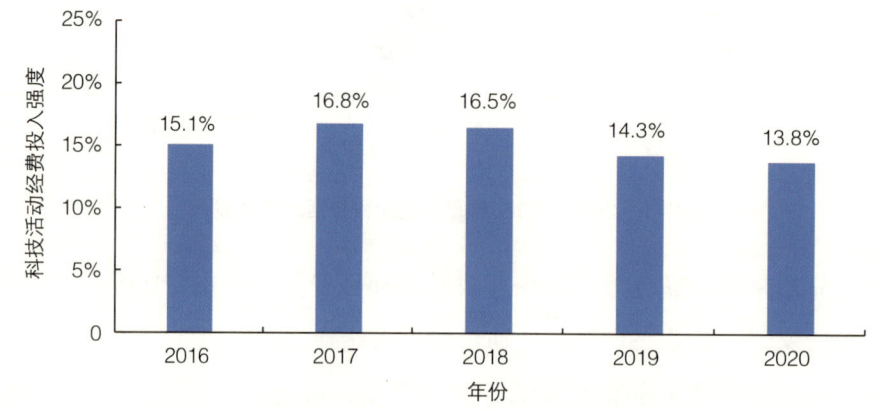

图5-2 2016—2020年瞪羚企业科技活动经费投入强度

超八成瞪羚企业科技活动经费投入强度在5%及以上。2020年,瞪羚企业科技活动经费投入强度在5%及以上的企业有1994家,占瞪羚企业总数的86.2%。其中,科技活动经费投入强度分布在10.0%~30.0%的最多,占比为36.1%;科技活动经费投入强度30.0%及以上的瞪羚企业占比为8.0%。低于2.5%的仅有37家,占比为1.6%(表5-2)。

表5-2 2020年瞪羚企业科技活动经费投入强度分布

科技活动经费投入强度	企业数(家)	占比
0~2.5%	37	1.6%
2.5%~5.0%	281	12.2%
5.0%~7.5%	642	27.8%
7.5%~10.0%	333	14.4%
10.0%~30.0%	835	36.1%
30.0%及以上	184	8.0%
瞪羚企业群体	2312	100.0%

大型瞪羚企业科技活动经费投入强度较高。2020年，大型瞪羚企业平均科技活动经费投入为7869.3万元，明显高于其他中小微企业，约是瞪羚企业群体平均水平的4.2倍；科技活动经费投入强度高达24.0%，明显高于其他中小微企业，较瞪羚企业群体平均水平高出10.2个百分点（表5-3）。

表5-3　2020年大中小微型瞪羚企业科技活动经费投入及强度

类型	平均科技活动经费投入（万元）	科技活动经费投入强度
微型	1006.4	11.0%
小型	1009.6	10.8%
中型	2824.8	13.7%
大型	7869.3	24.0%
瞪羚企业群体	1882.5	13.8%

（二）R&D经费投入强度保持较高水平

2020年，瞪羚企业研究与试验发展（R&D）经费内部支出为189.6亿元，3年复合增长率为29.3%。"十三五"时期，瞪羚企业R&D经费投入强度（R&D经费内部支出与营业收入的比例）保持在6.0%以上。其中，2017年高达8.2%；2016年为7.3%，2020年为6.0%（图5-3）。

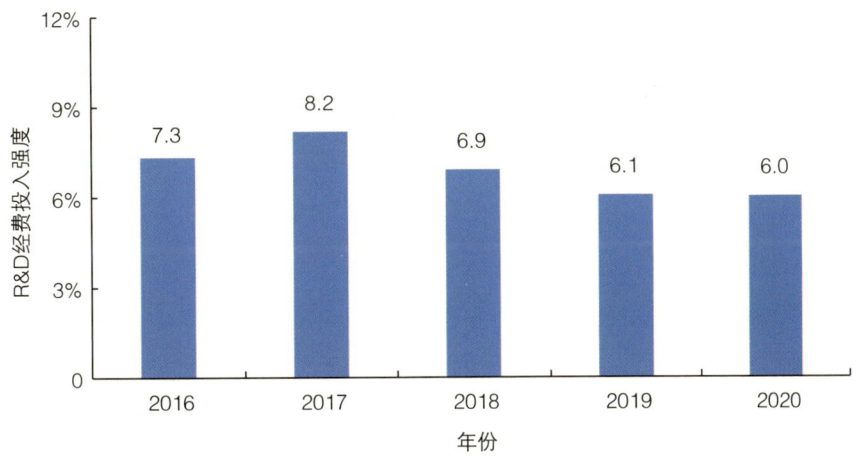

图5-3　2016—2020年瞪羚企业R&D经费投入强度

超五成瞪羚企业R&D经费投入强度在2.5%及以上。2020年，瞪羚企业R&D经费投入强度在2.5%及以上的有1269家，占瞪羚企业总数的54.9%。其中，分布于10.0%~30.0%的瞪羚企业占比为13.9%，30.0%及以上的瞪羚企业占比为2.6%（表5-4）。

表5-4　2020年瞪羚企业R&D经费投入强度分布

R&D经费投入强度	企业数（家）	占比
0~2.5%	1043	45.1%
2.5%~5.0%	380	16.4%
5.0%~7.5%	350	15.1%
7.5%~10.0%	158	6.8%
10.0%~30.0%	321	13.9%
30.0%及以上	60	2.6%
瞪羚企业群体	2312	100.0%

（三）产学研合作经费大幅提升

产学研合作是优化科技资源配置，促进企业技术创新的重要形式。近年来，瞪羚企业开展产学研合作经费投入大幅提升。2020年，瞪羚企业产学研合作经费达到28.1亿元，约是2016年的10倍，3年复合增长率为33.4%（图5-4）。从投入力度看，2020年产学研合作经费占企业科技活动经费的6.4%。

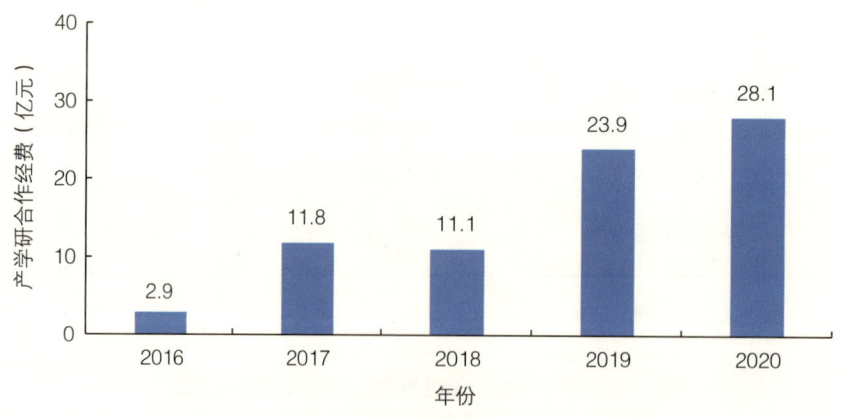

图5-4　2016—2020年瞪羚企业产学研合作经费

其中，与境内企业的合作经费最多，为22.2亿元，3年复合增长率为39.2%；占产学研合作经费的比重为79.3%，比2016年的68.0%提高了11.3个百分点（图5-5）。

其次为与境内研究机构、境外、境内高校等，合作经费分别为2.6亿元、1.4亿元、1.0亿元，占比分别为9.4%、5.2%、3.5%。

从3年复合增长率来看，境内高校、境内研究机构分别为38.2%、33.5%，境外为-5.6%。

从分布来看，与2016年比较，境外下降了4.8个百分点，境内高校、境内研究机构分别下降了1.8个百分点、1.5个百分点。

图5-5　2016—2020年瞪羚企业产学研合作经费分布

（四）科技人力资源不断集聚

1.科技活动人员规模扩大

科技活动人员规模不断扩大，持续支撑瞪羚企业创新发展。2020年，瞪羚企业科技活动人员数为15.2万人，比2019年增加1.3万人，约是2016年的2.8倍，3年复合增长率为17.4%（图5-6）。

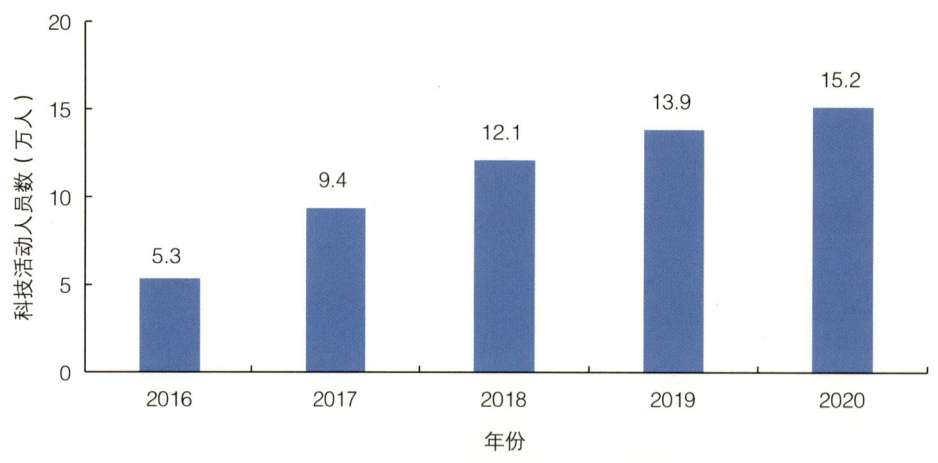

图5-6 2016—2020年瞪羚企业科技活动人员数

"十三五"时期,瞪羚企业科技活动人员占从业人员比重接近40%。其中,2018年达到最高,为38.3%;其次是2019年,为38.0%(图5-7)。

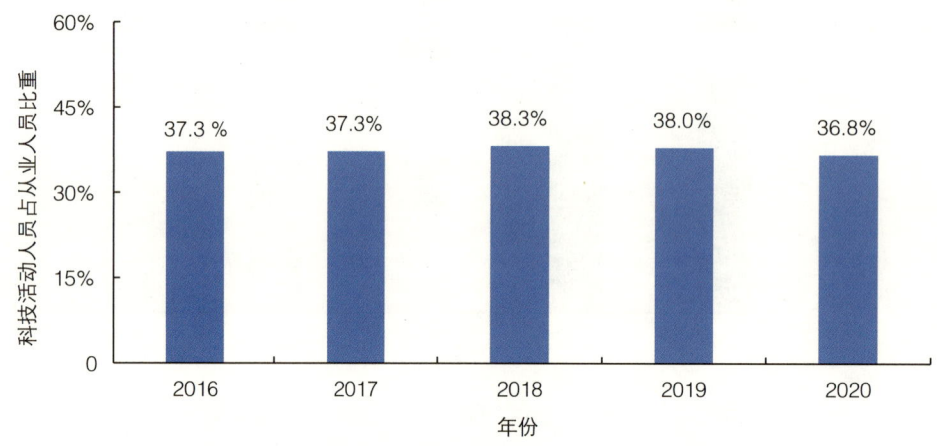

图5-7 2016—2020年瞪羚企业科技活动人员占从业人员比重

2.R&D人员投入强度提高

2020年,瞪羚企业R&D人员全时当量达到5.0万人年,3年复合增长率为21.3%。瞪羚企业R&D人员全时当量与从业人员的比为12.2万人年/万人,平均每万人从业人员较2019年提高0.3万人年(图5-8、图5-9)。

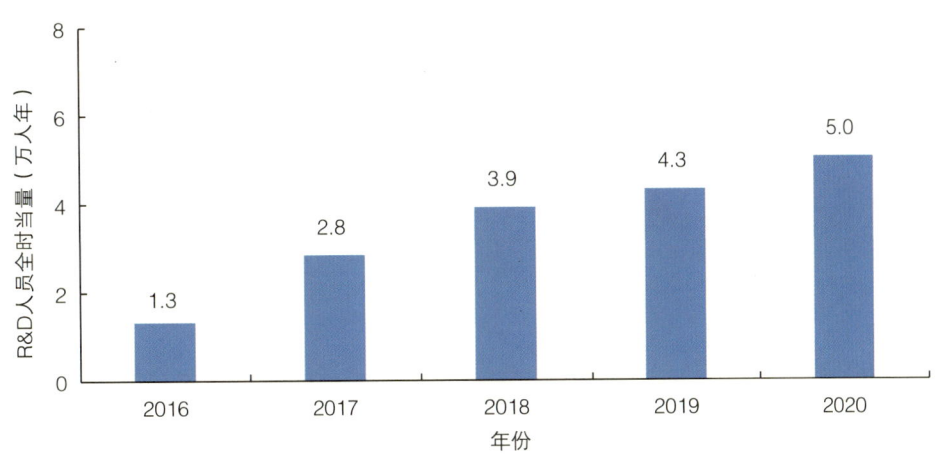

图5-8 2016—2020年瞪羚企业R&D人员全时当量

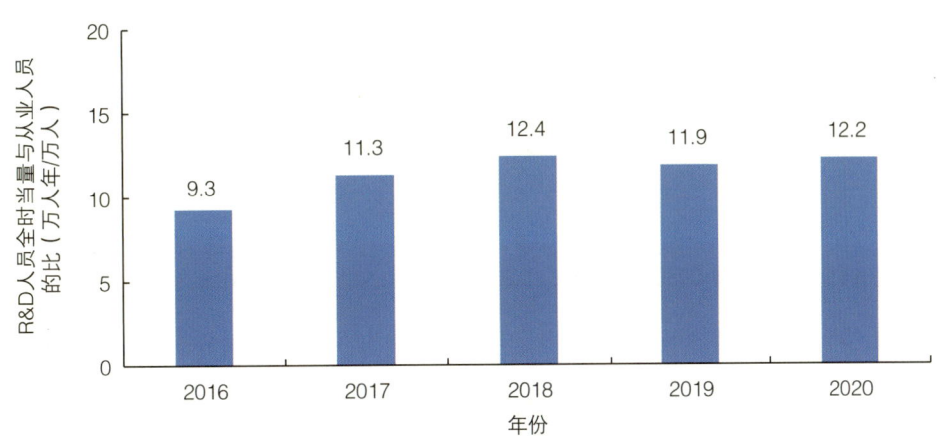

图5-9 2016—2020年瞪羚企业R&D人员全时当量与从业人员的比

3.本科及以上学历人员占比提升

本科及以上学历从业人员占比不断提高。2020年,瞪羚企业本科及以上学历从业人员数为23.3万人,约是2016年的3.0倍,3年复合增长率为19.9%。瞪羚企业本科及以上学历从业人员占比重达56.6%,比2019年提高了0.9个百分点,为"十三五"时期最高值(图5-10、图5-11)。

图5-10 2016—2020年瞪羚企业本科及以上学历从业人员数

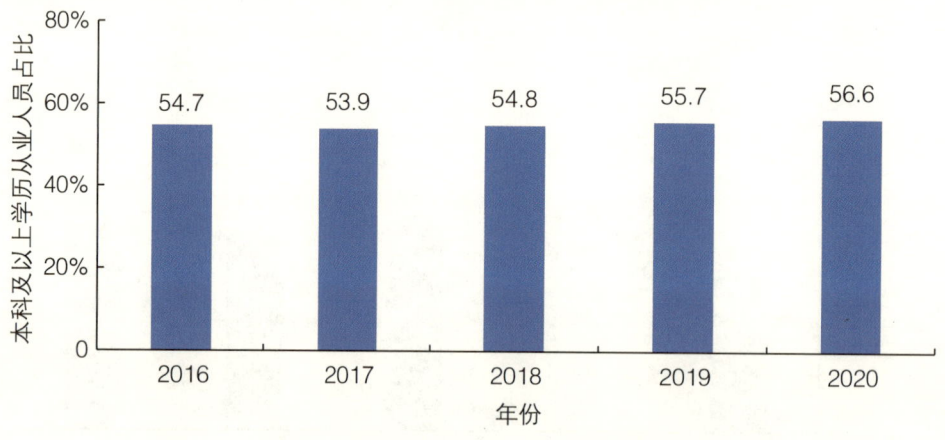

图5-11 2016—2020年瞪羚企业本科及以上学历从业人员占比

分学历来看，本科学历从业人员数由2016年的6.4万人增加至2020年的19.3万人，3年复合增长率为20.5%，占比由44.4%提高至46.7%；硕士学历从业人员数由2016年的1.3万人增加至2020年的3.7万人，3年复合增长率为18.3%，占比由2016年的9.0%提高到2020年的9.1%，提高了0.1个百分点；博士学历从业人员数由2016年的1821人增加至2020年的3429人，3年复合增长率为6.7%（图5-12）。

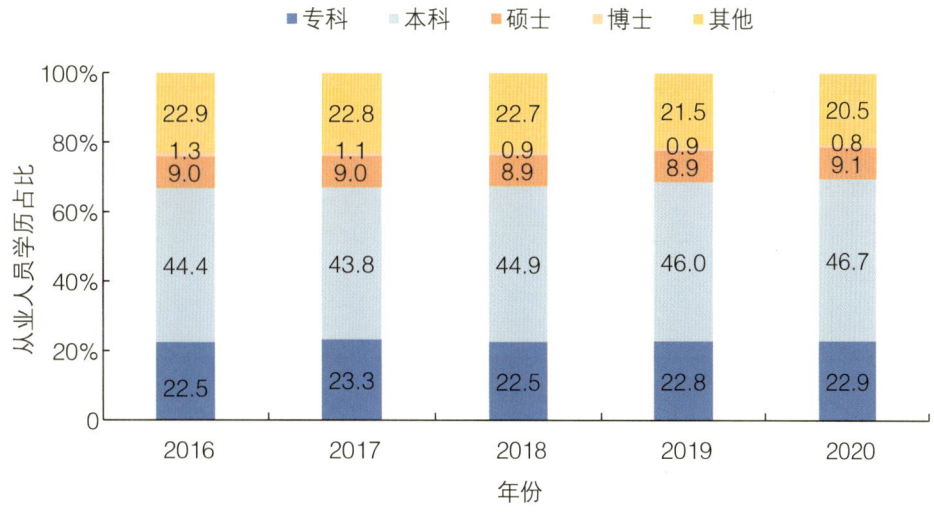

图5-12 2016—2020年瞪羚企业从业人员学历分布

（五）超五成瞪羚企业设立研究机构

2020年，有1237家瞪羚企业设立了研究机构，占瞪羚企业总数的53.5%，比2016年（22.6%）提高了30.9个百分点。2020年，瞪羚企业共设立研究机构1525个，约是2016年的2.3倍（图5-13、图5-14）。

瞪羚企业所设立研究机构的经费和人员投入逐年增加。2020年，研究开发经费投入达215.3亿元，比2018年增加117.4亿元，年均增长48.3%；研究开发人员数为7.4万人，比2018年增加3.0万人，年均增长30.3%。

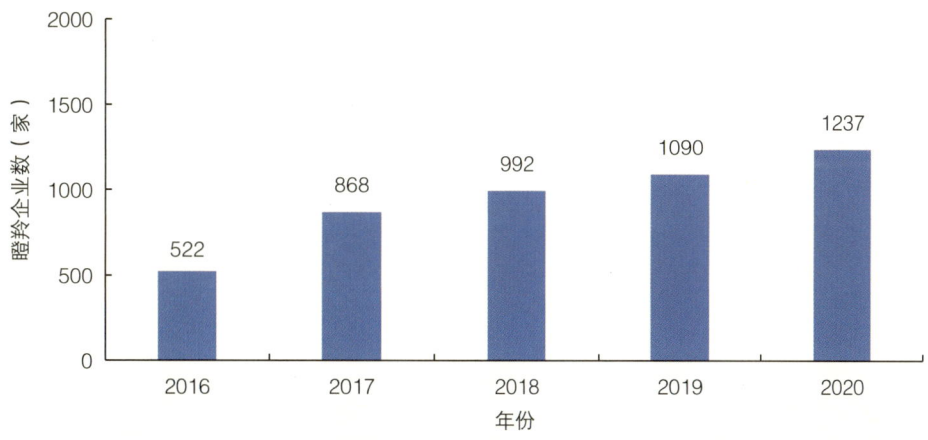

图5-13 2016—2020年设立研究机构的瞪羚企业数

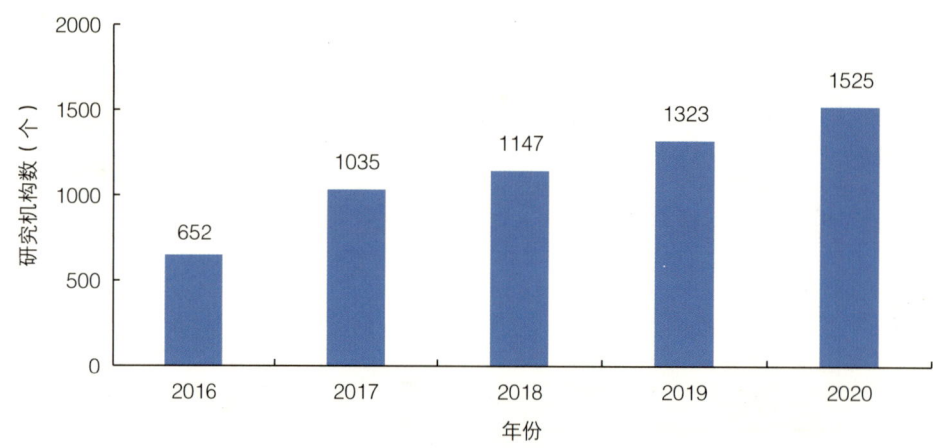

图5-14　2016—2020年瞪羚企业所设立研究机构数

二、瞪羚企业创新产出成果日益丰硕

2020年，2312家瞪羚企业创新产出成果丰硕，较2016年大幅增长。新产品销售收入3年复合增长率为40.2%，占营业收入比重的18.3%，其中新产品出口占比为10.7%。高新技术产品销售收入3年复合增长率为48.0%，占产品销售收入的83.0%，其中高新技术产品出口的占比为9.4%。营业收入中，技术收入占比为27.5%。从知识产权产出看，瞪羚企业国内外发明专利产出数量及注册商标数量均快速增长。

（一）新产品销售收入不断提高

瞪羚企业积极推出新产品[①]。2020年，瞪羚企业新产品销售收入为574.1亿元，3年复合增长率达到40.2%。新产品销售收入占产品销售收入的27.5%，占营业收入的18.3%。其中，新产品出口销售收入为61.2亿元，占新产品销售收入的10.7%（图5-15）。

---

① 新产品是指采用新技术原理、新设计构思研制、生产的全新产品，或在结构、材质、工艺等某一方面比原有产品有明显改进，从而显著提高了产品性能或扩大了使用功能的产品。新产品既包括经政府有关部门认定并在有效期内的新产品，也包括企业自行研制开发，未经政府有关部门认定，从投产之日起一年之内的新产品。

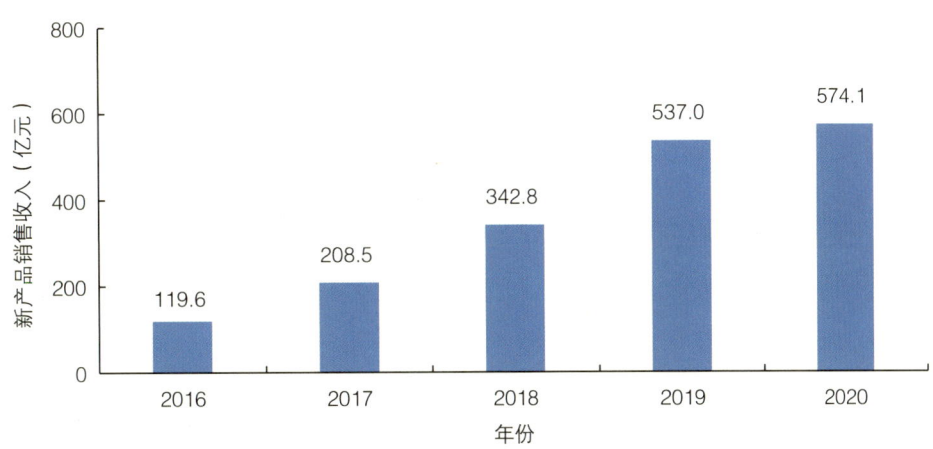

图5-15 2016—2020年瞪羚企业新产品销售收入

（二）超八成产品销售收入为高新技术产品

瞪羚企业产品以高新技术产品[①]为主。2020年，瞪羚企业高新技术产品销售收入为1734.8亿元，3年复合增长率高达48.0%。高新技术产品销售收入占产品销售收入的比重达83.0%。其中，高新技术产品出口额为163.4亿元，占高新技术产品销售收入的比重为9.4%（图5-16）。

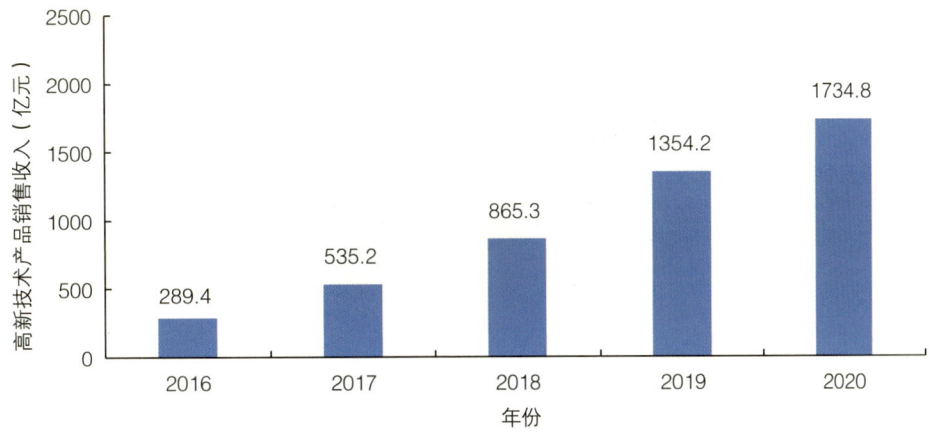

图5-16 2016—2020年瞪羚企业高新技术产品销售收入

---

① 高新技术产品是指符合国家和省高新技术重点范围、技术领域和产品参考目录的全新型产品；或省内首次生产的换代型产品；或国内首次生产的改进型产品；或属于创新产品等；具有较高的技术含量和较高的附加值的产品。

（三）技术收入占营业收入的比重超 1/4

2020年，瞪羚企业技术收入为864.9亿元，3年复合增长率达42.3%。瞪羚企业技术收入占营业收入的比重为27.5%，比2016年提高了1.5个百分点。

其中，技术咨询与服务收入最多，为622.0亿元，占瞪羚企业技术收入的71.9%；其次为接受委托研究开发收入，为81.0亿元，占比为9.4%；另外，瞪羚企业技术收入还包括技术转让收入、技术承包收入等（图5-17、图5-18）。

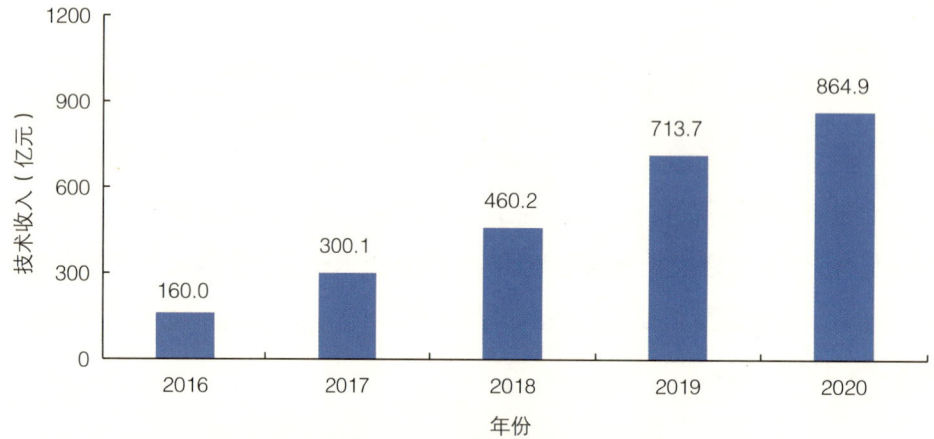

图5-17　2016—2020年瞪羚企业技术收入

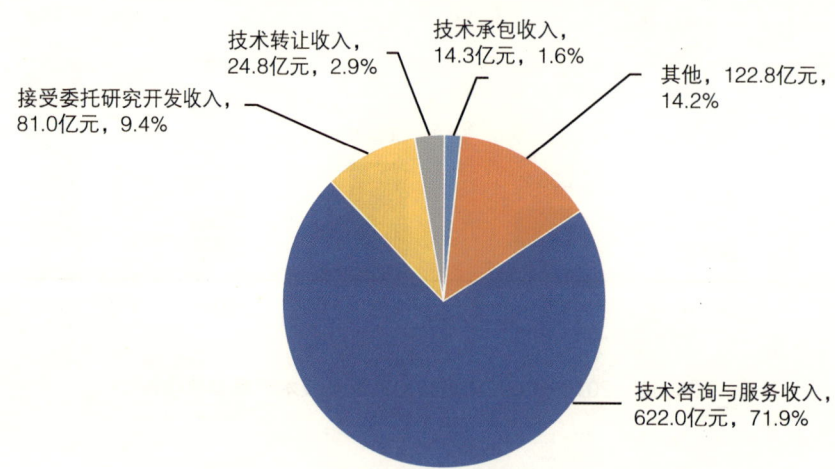

图5-18　瞪羚企业技术收入构成

（四）发明专利产出规模不断扩大

越来越多的瞪羚企业通过专利保护来提高自身技术和产品的竞争力。2020年，有1648家瞪羚企业申请专利保护，占瞪羚企业总数的71.3%。2020年，瞪羚企业共申请专利28 578件，3年复合增长率为20.7%。瞪羚企业专利授权量为15 897件，3年复合增长率为25.1%。截至2020年底，有1905家瞪羚企业拥有有效专利，占瞪羚企业总数的82.4%。2020年，瞪羚企业共拥有有效专利61 278件，3年复合增长率为33.1%（图5-19）。

图5-19　2016—2020年瞪羚企业专利产出量

其中，申请发明专利16 026件，3年复合增长率为26.6%；发明专利申请占比达56.1%，比2016年提高了4.8个百分点。发明专利授权量为4422件，3年复合增长率为31.3%，发明专利授权占比为27.8%，比2016年提高了0.8个百分点。拥有有效发明专利16 470件，3年复合增长率为31.2%，拥有发明专利占比为26.9%，比2016年下降了1.1个百分点（图5-20）。

图5-20　2016—2020年瞪羚企业发明专利产出量

（五）欧美日等境外专利拥有量快速增长

瞪羚企业知识产权海外布局成效显著。截至2020年底，有163家瞪羚企业拥有境外有效专利，合计2066件，3年复合增长率高达77.9%。其中，拥有境外有效发明专利1003件，占比为48.5%，3年复合增长率为56.0%（图5-21）。

图5-21　2016—2020年瞪羚企业拥有境外专利量

2020年，瞪羚企业申请欧美日专利860件，授权欧美日专利344件。截至2020年底，瞪羚企业拥有欧美日专利1029件，占境外专利总量的52.2%。瞪羚企业申请、授权、拥有有效欧美日专利3年复合增长率分别为53.7%、43.7%、62.2%，均高于国内专利产出量的增长速度（图5-22）。

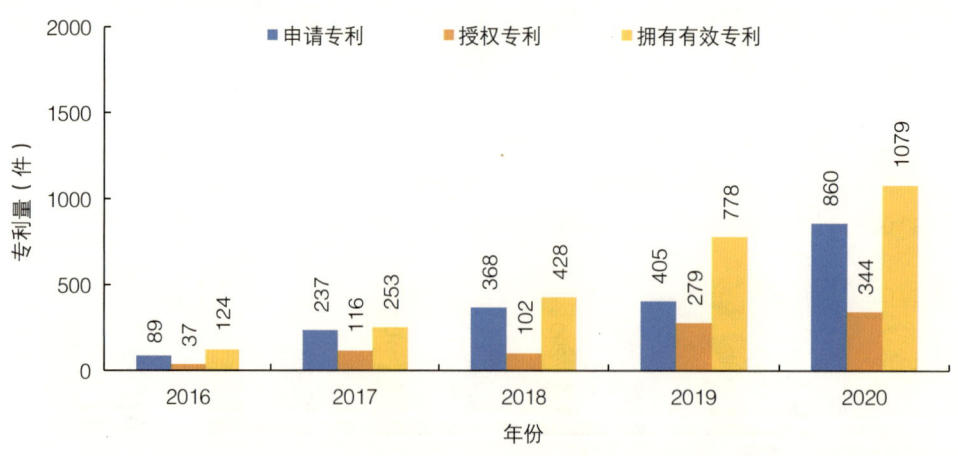

图5-22　2016—2020年瞪羚企业欧美日专利产出量

（六）国内外注册商标数量大幅提升

2020年，共有472家瞪羚企业注册商标，占瞪羚企业总数的20.4%。2020年，瞪羚企业共注册商标7924件，3年复合增长率为26.6%。截至2020年底，有1224家瞪羚企业拥有有效注册商标，占瞪羚企业总数的52.9%。共拥有有效注册商标36 249件，3年复合增长率为53.5%（图5-23）。

图5-23　2016—2020年瞪羚企业注册商标量

2020年，有68家瞪羚企业在境外注册商标，共计657件，比2019年增长35.5%。截至2020年底，有134家瞪羚企业拥有境外注册商标，共计2159件，3年复合增长率高达86.8%（图5-24）。

图5-24　2016—2020年瞪羚企业境外注册商标量

国家高新区瞪羚企业发展报告2021

第六章 国家高新区持续推进瞪羚企业培育

一、各地持续深入开展瞪羚企业培育工作

（一）各地持续优化瞪羚企业培育环境

瞪羚企业成长速度快、创新能力强、行业领域新、发展潜力大，具有人才高端、技术密集等特征，已经成为国家高新区发展活力强弱、健康与否的重要标志，是发展新经济、引领带动各省市高质量发展的重要力量。近年来，在"大众创业、万众创新"的新热潮之下，各省市及高新区持续优化创新创业生态环境，为培育瞪羚企业发展提供良好条件。据不完全统计，我国已有中关村、西安、武汉东湖、广州、株洲、杭州等88个高新区陆续出台了培育瞪羚企业的扶持政策[①]（表6-1）。

表6-1 2020—2021年国家高新区瞪羚企业扶持政策一览表

国家高新区	出台时间	瞪羚企业扶持政策	扶持措施
燕郊	2020年	《科技产业发展专项资金管理暂行办法》	认定奖励
锦州	2020年	《锦州高新技术产业开发区打造特色载体推动中小企业创新创业升级项目补助及企业高质量发展奖补办法（试行）》	认定奖励

---

① 根据2020年度国家高新区定性调查问卷整理。

续表

国家高新区	出台时间	瞪羚企业扶持政策	扶持措施
南通	2020年	《南通高新区关于促进科技创新引领高质量发展的政策意见（试行）》	认定奖励
盐城	2020年	《盐城高新技术产业开发区印发关于高成长企业培育的激励政策》	认定奖励、融资支持、研发费用补助、人才引进优先支持、政府采购项目优先支持
淮安	2020年	《淮安高新区鼓励科技创新实施办法（试行）》	认定奖励
杭州	2020年	《关于支持瞪羚企业加快发展的实施意见》	房租补贴、优先安排用地、研发费用补助、贴息补助、节能减排补助
宁波	2020年	《关于创新型企业树强扶优的若干意见（修订）》	金融支持、财政扶持、引导投资、房租补贴、提供管理咨询服务
抚州	2020年	《2020年抚州高新区支持企业创新驱动提质发展24条政策》	认定奖励
新余	2020年	《新余高新区优化营商环境促进企业高质量发展六十条措施》	认定奖励
淄博	2020年	《关于进一步加快山东半岛国家自主创新示范区（淄博）建设发展的若干政策》	认定奖励
泰安	2020年	《泰安高新区"瞪羚企业"管理办法》	优秀企业奖励、组织交流合作
德州	2020年	《关于高质量发展的实施意见》	认定奖励、银行贷款贴息支持、支持招商引资、重点项目优先支持
襄阳	2020年	《襄阳高新区（自贸片区）瞪羚企业和潜在瞪羚企业认定及培育办法》	认定奖励、搭建合作交流平台、自主创新补助、人才引进优先支持、重点项目优先支持
佛山	2020年	《佛山高新技术产业开发区管理委员会关于瞪羚企业的认定及资助实施细则》	认定奖励、人才引进优先支持、研发费用补助、融资政策支持、搭建合作交流平台

续表

国家高新区	出台时间	瞪羚企业扶持政策	扶持措施
柳州	2020年	《柳东新区（柳州高新区）管委会促进企业科技创新发展暂行办法》	认定奖励、研发费用补助、金融支持
泸州	2020年	《泸州高新区实施创新驱动发展战略和促进科技服务业发展的若干政策》	认定奖励
昆明	2020年	《昆明高新技术产业开发区支持企业科技创新和高质量发展实施细则（试行）》	认定奖励、房租补贴、研发经费补助、科技项目支持
包头	2021年	《包头稀土高新技术产业开发区企业技术创新奖励办法》	认定奖励
常州	2021年	《常州高新区科技创新驱动高质量发展实施办法》	认定奖励、优秀项目支持、引导投资融资向瞪羚企业倾斜、优先列入拟上市重点企业名单
昆山	2021年	《昆山高新区推进高新技术企业高质量发展若干政策》	认定奖励、实施企业知识产权提升功能
景德镇	2021年	《景德镇高新区工业倍增三年行动计划（2021—2023年）》	认定奖励
南阳	2021年	《高新技术企业培育工作实施方案》	认定奖励
长沙	2021年	《长沙高新区打造国家重要先进制造业高地三年行动计划（2021—2023年）》	分星级给予企业政策支持
重庆	2021年	《重庆高新区支持西部（重庆）科学城企业科技创新促进高质量发展扶持办法》	认定奖励、银行贷款贴息支持、按企业净利润标准给予奖励
西安	2021年	《西安高新区关于支持硬科技创新的若干政策措施》	认定奖励、研发投入奖励
兰州	2021年	《兰州高新区建设国家自主创新示范区促进高质量发展政策》	认定奖励、优先推荐、政府采购项目优先支持、房租补贴

近年来，多省市出台了瞪羚企业扶持政策，明确了认定管理办法、资金扶持政策等，表明了瞪羚企业在区域发展中的重要性（表6-2）。

表6-2　2020—2021年省市瞪羚企业扶持政策一览表

省市	出台时间	瞪羚企业扶持政策	扶持措施
河北省	2020年	《河北省瞪羚和独角兽企业培育实施方案》	重点项目优先支持、搭建合作交流平台、宣传推广
辽宁省	2020年	《辽宁省雏鹰、瞪羚、独角兽企业评价办法(试行)》	认定奖励
山东省	2020年	《山东省瞪羚、独角兽企业认定管理办法》	配套资金支持、金融支持
河南省	2020年	《河南省加快培育创新型企业三年行动计划(2020—2022年)》	研发费用补助、重点项目优先支持、人才引进优先支持、优先纳入上市企业培育库
广西壮族自治区	2020年	《加快培育瞪羚企业创新发展若干措施》	认定奖补、研发奖补、优先支持、创新平台建设、人才优惠、金融支持、优先纳入上市企业培育计划、企业培育管理
大连市	2020年	《大连市瞪羚独角兽企业补助资金实施细则》	研发费用补助
锦州市	2020年	《打造创新高地　建设良好科技生态支撑我市产业振兴若干政策措施》	认定奖励
扬州市	2020年	《市政府关于加快培育独角兽、瞪羚企业的实施意见》	银行贷款贴息支持、搭建合作交流平台、人才引进优先支持、专项服务支持
济南市	2020年	《济南市瞪羚企业认定管理办法》	资金奖励、政策倾斜、宣传推广
泸州市	2020年	《关于加快创新型城市建设推动高质量发展的实施意见》	认定奖励
渭南市	2020年	《关于开展2020年度瞪羚企业培育工作的通知》	项目支持、纳入重点企业培育库、优先推荐入住科技企业孵化器或高新区

续表

省市	出台时间	瞪羚企业扶持政策	扶持措施
天津市	2021年	《天津市雏鹰企业、瞪羚企业、科技领军企业和科技领军培育企业评价与支持办法》	财政资金奖励、企业培育资金支持
山西省	2021年	《山西省促进平台经济发展的若干政策》	企业培育、引导投资融资向瞪羚企业倾斜
湖北省	2021年	《湖北省科创"新物种"企业培育计划实施方案》	科技计划项目优先支持、科技金融服务
江西省	2021年	《关于加快推进数字经济创新发展的若干措施》	认定奖励
陕西省	2021年	《陕西省瞪羚企业培育认定实施方案》	研发经费补贴、普惠性财政奖励、金融支持、服务平台建设
南京市	2021年	《关于对独角兽瞪羚和研发类功能型总部企业激励的实施办法》	认定奖励
常州市	2021年	《关于促进创新发展的若干政策》	增幅奖励
合肥市	2021年	《合肥市高成长企业培育扶持若干政策》	按年度实施动态管理、研发补助、银行贷款贴息支持、担保费补贴支持
淄博市	2021年	《淄博市瞪羚企业和独角兽企业培育计划（2021—2025年）》	建立多层次培育体系、金融服务支撑、人才引育支持
安阳市	2021年	《安阳市加快培育创新型企业三年行动计划（2020—2022年）》	认定奖励、科研项目重点支持、人才引进支持、优先纳入上市企业备选库
咸阳市	2021年	《咸阳市瞪羚企业培育及认定管理办法》	研发资金补贴、科技计划项目优先支持、推荐省级科技计划项目、优先支持科技成果转化基金、优先推荐入驻科技企业孵化器和加速器

（二）瞪羚政策助推企业高成长效果明显

随着瞪羚企业培育工作的持续深入开展，瞪羚企业对于区域经济的提质增效作用日益凸显，成为国家高新区甚至省市新经济发展的重要力量。

由于瞪羚企业政策实施效果显现需要一定的时间，因此将2020年之前出台瞪羚企业政策的中关村、西安、武汉东湖、广州等35个高新区作为瞪羚企业政策实施效果评价的对象。通过对已出台瞪羚企业扶持政策的高新区在瞪羚企业数量、瞪羚企业经济指标表现及瞪羚企业后续发展等进行定量分析，发现出台瞪羚企业政策的高新区瞪羚企业数量明显提升，且瞪羚企业群体增长更快、科技投入更多、后续发展更加强劲，表明出台瞪羚企业政策有助于推动瞪羚企业发展。

出台瞪羚企业扶持政策的高新区，绝大多数的瞪羚企业数不断增加。2020年之前出台瞪羚企业政策的35个高新区，有27个高新区其2020年的瞪羚企业数高于2019年。中关村高新区表现尤为突出，比2019年增加67家；广州高新区增加46家；武汉东湖、佛山、厦门高新区增加20多家；杭州、济南、苏州工业园区、郑州、常州、中山高新区均增加10多家（表6-3）。

表6-3　出台瞪羚企业政策的国家高新区瞪羚企业数变化情况

单位：家

国家高新区	出台时间	2019年瞪羚企业数	2020年瞪羚企业数	瞪羚企业数变化	新晋瞪羚企业数
中关村	2003年	322	389	67	272
西安	2010年	48	56	8	37
武汉东湖	2011年	58	78	20	46
广州	2013年	61	107	46	75
贵阳	2014年	5	7	2	6
杭州	2014年	34	52	18	32
济南	2016年	13	28	15	24
惠州	2016年	5	13	8	12
潍坊	2016年	6	8	2	5

续表

国家高新区	出台时间	2019年瞪羚企业数	2020年瞪羚企业数	瞪羚企业数变化	新晋瞪羚企业数
南宁	2017年	1	5	4	4
长沙	2017年	27	35	8	26
潍坊	2018年	6	8	2	5
苏州工业园区	2018年	72	90	18	58
佛山	2018年	17	39	22	35
合肥	2018年	25	34	9	22
新乡	2018年	1	2	1	2
蚌埠	2019年	2	6	4	5
郑州	2019年	20	30	10	19
大庆	2019年	0	1	1	1
绵阳	2019年	0	4	4	4
常州	2019年	13	26	13	23
厦门	2019年	34	60	26	40
汕头	2019年	2	3	1	2
中山	2019年	9	19	10	13
肇庆	2019年	3	9	6	7
沈阳	2019年	3	7	4	6
湘潭	2019年	1	5	4	4

二、国家高新区瞪羚企业培育优秀案例

（一）杭州高新区支持瞪羚企业加快发展

杭州高新区于2014年启动"瞪羚计划"。2017年，为加快发展高新技术产业做强做大有竞争优势的瞪羚企业，杭州高新区进行了扶持政策的升级，出台了《关于支持瞪羚企业加快发展的实施意见》，通过财政资助、金融扶持、要素保障等举措支持瞪羚企业发展。鼓励企业加大创新投入，设立财政专项资助，用于企业研发创新、扩大

投资和绿色发展等方面的投入支出。保障企业发展空间，给予企业生产经营用房房租补贴、对符合条件的企业优先安排企业用地。降低企业融资成本，对企业提供银行贷款贴息补助，优先提供贷款担保和创新产业扶持基金投资。支持企业开拓市场，参加国内外展览展销活动，给予活动展位费补贴等。

2019年，为加快打造数字经济和新制造业"双引擎"，杭州高新区再度升级对瞪羚企业的扶持政策，发布《关于打造数字经济和新制造业发展"双引擎"加快建设世界一流高科技园区的若干政策意见》，在原有措施基础上加大扶持力度。企业生产经营用房房租补贴由实际房租的50%增加到80%。对未达到条件但有用地需求的瞪羚企业，提供优先安排购买工业综合体物业、先租后售或预留发展用地待企业符合条件时启动供地程序等措施。

杭州高新区瞪羚企业典型案例[①]如下。

浙江零跑科技有限公司——是一家创新型的智能电动汽车企业，拥有智能电动车自主研发能力的整车厂家。公司成立于2015年12月24日，由浙江大华技术股份有限公司及其主要创始人共同投资成立，始终坚持核心技术的自主研发，致力于打造高品质、国际化、具有核心技术能力的全球主流智能电动车品牌。已通过ISO 9000质量管理体系认证、汽车行业质量管理体系认证、国家高新技术企业认证，获得中国质量认证中心CCC证书8个，强制性产品自我声明证书8个。拥有专利信息1186项、软件著作权12项、作品著作权3项。近两年上榜榜单包括2021年全球独角兽企业500强榜单、2021年浙江省专利创造百强企业名单、2020胡润全球独角兽榜、2020浙江省创造力百强企业名单。

联芸科技（杭州）有限公司——是为数不多掌握NAND Flash控制芯片核心关键技术的企业之一，致力于为固态存储领域提供具有竞争力的高性能存储解决方案。公司成立于2014年11月，已发展成为全球三大固态硬盘控制芯片及解决方案提供商，产品已在国内外市场获得规模商用，可广泛应用于移动通信、消费数码、计算机、服务

---

① 本报告瞪羚企业培育优秀案例节选自各企业官网。

器及数据中心等领域。公司通过对NAND Flash特性的持续深度研究，独创了闪存自适配专利技术，支持Intel、Kioxia、Micron、Samsung、SK Hynix、WD、YMTC推出的全部NAND Flash闪存颗粒，包括MLC/TLC/QLC产品。

观澜网络（杭州）有限公司——是一家立足医药和生命科学行业的网络技术与电子商务公司，拥有国内最优秀的医学专业网站——丁香园（www.dxy.cn）。公司成立于2000年7月，致力于医药及生命科学领域的互联网实践。2014年，公司获得腾讯7000万美元的C轮投资。丁香园拥有430多万高素质专业医生会员（硕士以上学历会员超过60%），并以每月6万人的速度递增，每日发帖量过万，日均访问量超过200万次，全国各大城市超过80%的三甲医院医生均知晓丁香园品牌。拥有软件著作权68项、作品著作权258项。近两年上榜榜单包括中国创新医疗服务榜TOP 100、2020中国新经济企业500强榜单、2020胡润全球独角兽榜。

杭州长川科技股份有限公司——是一家致力于提升我国集成电路专用装备技术水平、积极推动集成电路装备业升级的高新技术企业。公司成立于2008年4月，并于2017年4月17日在深交所创业板挂牌上市。主营产品包括测试机、分选机、探针台、AOI设备和自动化设备，技术水平领先，备受行业认可。目前拥有在职员工上千人，研发人员占比在50%以上，并设有日本、我国香港、北京子公司，以及我国台湾、上海、深圳办事处等分支机构，并全资控股集成电路检测设备全球知名供应商STI（新加坡），逐步形成全球化布局。公司致力于自主研发，目前已拥有海内外授权专利372项，其中发明264项、实用新型107项、计算机软件著作权51项，构筑了严密的知识产权保护体系。公司产品部分核心性能指标已达到国际先进水平。公司先后被认定为国家级高新技术企业、国家工信部专精特新小巨人、浙江省重点企业研究院、省级高新技术企业研发中心、省"隐形冠军"企业、省级企业技术中心等。

杭州数云信息技术有限公司（简称"数云"）——是国内领先的全域消费者增长解决方案提供商，通过整合软件产品和专业服务的一体化解决方案，支持品牌零售企业建立全域消费者运营体系，驱动全域消费者增长。公司针对不同企业的业务规模、业务形态和发展阶段等差异化需求特点，提供面向中大型企业的全域消费者运营平台——数云麒麟、快速实施部署的敏捷型全域消费者运营云——数云赢家，并通过数云加生态合作整合伙伴产品和能力，实现以消费者为中心的全渠道、全触点、全链路、全场景的数字化管理和资产化运营。公司目前服务中的国内外客户超过7000家，涵盖了服装、美妆、母婴、食品、3C电子、家居等各个行业的知名品牌。依靠丰富的行业经验和专业的产品服务，数云践行着"让营销更有价值"的使命，正在成为品牌零售企业全域消费者运营合作伙伴。

杭州当虹科技股份有限公司——是一家定位于大视频领域、提供智能视频解决方案与视频云服务的国家高新技术企业。公司在视频编转码领域拥有深厚的核心技术积累，主要技术团队在该领域的从业经验及技术积累超过20年，其高质量视频转码、智能人像识别、全终端播放、低延时视频通信等核心算法研究与应用，在中国面向广电媒体、互联网视频、教育、公安、司法、社会安防、政府等大视频行业，为用户提供传媒文化、公共安全整体解决方案。公司拥有具备高学历和丰富专业背景的算法科学家团队、产品和市场专家团队、优质售后服务团队。公司先后在国际与国内已授权和受理过百项视频领域的专利，与Intel、Nvidia、DTS等全球知名厂商深度研发合作，已覆盖头部互联网视频公司、传统媒体和绝大部分的广电省级新媒体等市场。

（二）武汉东湖高新区打造瞪羚企业专业服务平台

自2011年武汉东湖高新区面向区内企业启动"瞪羚计划"以来，高新区始终高度重视培育、促进瞪羚企业的集聚和成长，主要领导定期深入企业调研，汇聚各方力量加大对瞪羚企业的培育力度。当前，瞪羚企业已经成为东湖高新区培育"四新"经济，发展原创新兴产业的核心主体。

2015年，高新区出台的瞪羚企业培育政策从提高融资能力、拓展发展空间、强化创新能力和提升管理水平4个方面对瞪羚企业进行扶持。2018年，高新区修订并出台了新的《东湖高新区瞪羚企业认定及培育办法》，即"瞪羚十条"，通过提高国际化水平、增加贴息支持、设立瞪羚基金、提升企业管理能力等多种手段提高对瞪羚企业的支持力度。2020年，为加快新动能培育和新旧动能转换，全面加快"世界光谷"建设，高新区创新打造了全国第一个瞪羚企业专业服务平台——光谷瞪羚墩。

"光谷瞪羚塬"是面向高端创业、潜在瞪羚企业和瞪羚企业的开放平台，通过引入国内外创新创业第三方优质服务资源，为企业提供覆盖成长全链条的服务，构建自进化、自成长的创新创业生态系统，成为光谷瞪羚企业服务的主阵地。光谷瞪羚塬已成为瞪羚企业实现跨越式成长的加速器，瞪羚企业培育工作的主平台，瞪羚企业资源链接的新枢纽。

"光谷瞪羚塬"首创"三四五"服务体系，即提供三项主要工作——瞪羚企业发现和培育、瞪羚咨询与研究和瞪羚企业链接；开展四类核心活动——头脑风暴会、专题交流会、主题培训会和瞪羚企业嘉年华；探索五类特色服务——瞪羚研究报告发布、光谷—中关村企业链接、双谷（光谷—硅谷）直通车、瞪羚高端服务资源引进和瞪羚线上服务平台。

"光谷瞪羚塬"是高新区瞪羚培育从1.0阶段迈向2.0阶段的重要举措。在1.0阶段，光谷瞪羚培育的主要目标为挖掘新物种、发现瞪羚及高成长企业、加速瞪羚及高成长企业成长、推动光谷特色产业发展和打造瞪羚活力生态群落。在2.0阶段，光谷瞪羚培育的目标转变为培育新时代伟大创业者、发展新赛道、集聚全球创新要素、引领全球原创新兴产业发展和成为全球科技型企业创业成长栖息地。

"光谷瞪羚塬"成立至今，武汉东湖高新区瞪羚企业培育取得了显著成果，2020年利润总额达到34.3亿元，近两年利润总额增量超过1000万元的企业有35家，近四成企业利润率超过20%，其中30多家利润率超过40%。

武汉东湖高新区瞪羚企业典型案例如下。

武汉飞恩微电子技术有限公司——是一家致力于为汽车、物联网、智能家居及工业控制行业提供MEMS传感器及系统产品的高新技术企业。2020年12月，公司宣布已超额完成2亿元D轮融资，累计融资额度接近4亿元。创始人团队科研技术过硬，为企业输出众多突破性成果。公司创始人兼首席科学家刘胜是MEMS封装领域的国际权威专家，IEEE Fellow及ASME Fellow，曾获美国白宫总统教授奖及国家技术发明奖二等奖。总经理王小平具有丰富的产品研发和企业管理经验。核心团队其他成员均在产业从业多年，背景深厚，经验丰富。公司基于工艺应力模型封装技术和高效批量标定测试算法，建立了数条全球领先的单件流全自动化生产线，产品已覆盖整车所有压力传感器应用，已实现数千万只汽车前装配套。目前，公司在汽车MEMS压力传感器细分市场上的占有率排在国内第一，汽车轮胎胎压监测系统（TPMS）等系列产品已经被多家知名的汽车制造商采用，并且基于低成本的ASIC和塑料封装技术正在进入消费电子领域。未来，公司将拓展产品在家电行业的应用，将在新的领域继续成长。

武汉瀚海新酶生物科技有限公司——是一家专业从事生物医药、体外诊断核心原料研发、生产、应用和技术服务的高新技术企业。作为全国卫生产业企业管理协会医学检验产业分会副会长单位及中国疫苗行业协会理事单位，公司拥有国内生产规模最大、设备标准最高的医药级特种酶生产体系，拥有酶基因挖掘与性能表征、酶分子优化与改造、酶基因高通量筛选、有机合成、合成生物学、抗原抗体研发制备等技术平台，并基于以上技术平台开发出数百种生物医药、疫苗生产、体外诊断相关原材料，目前已向超过100家国内生物医药、疫苗制备、体外诊断试剂生产商提供产品与服务，产品出口到海外25个国家和地区。2021年，公司携手上海市实验医学研究院、中科院苏州医工所、国内知名高校及多家知名体外诊断企业，共同组建上海市实验医学研究院关键原材料研究所，致力于解决我国诊断试剂关键原材料"卡脖子"问题，改善相关原材料被国外品牌垄断的现状，11月完成了近8亿元的C轮融资，将加速建设世界一流的特种酶创制平台，打造生物医药产业的"中国芯"，实现我国生物医药领域核心酶原料的进口替代，助力并携手生物医药优秀企业走向世界。

（三）西安高新区加快培育高成长硬科技企业

作为全国新经济前沿阵地，硬科技的策源地，近年来，西安高新区加快建设世界一流科技园区，为进一步发挥高成长硬科技企业新动能主体作用，加速引领原始创新，助力硬科技产业升级助力。自2018年起，西安高新区连续开展了多年高成长硬科技企业发现、培育专项工作，为高成长硬科技企业打造全方位、全链条、全要素服务的成长环境，为建设"一带一路"创新之都和"硬科技"创新发展示范区做出了新的重要贡献。

2021年3月，西安高新区发布了支持硬科技创新的《西安高新区关于支持硬科技创新的若干政策措施》（"科创九条"）。"科创九条"从实施双链融合专项计划、支持硬科技研发与转化、营造最优创新创业生态3个方面，将政策发力点对准科技创新，着力构建覆盖科技创新全链条的政策支持体系。

2021年6月底，西安高新区在"科创九条"的基础上进一步出台了《西安高新区支持企业创新发展若干政策》。该政策对高新区内的瞪羚企业认定标准、申报程序、政策支持等方面做了详细规定，对于符合条件的瞪羚企业可以获得一次性资金奖励和研发费用增量奖励，并享受政策和人才上的支持。通过全方位的政策扶持，未来高新区的企业会有更强劲的发展。

西安高新区瞪羚企业典型案例如下。

西安铂力特增材技术股份有限公司——是一家中国领先的金属增材制造技术全套解决方案提供商。公司成立于2011年7月，2019年7月在上交所科创板挂牌上市，2020年获批国家企业技术中心，2021年1月获批博士后工作站设立资格。公司运用多年金属增材制造技术的专业经验，通过持续创新为航空航天、能源动力、医疗齿科、工业模具、汽车制造等行业客户提供全方位的金属增材制造与再制造技术解决方案，包括设备、打印服务、原材料、技术服务等。公司现有员工1100余人，其中硕士以上学历占21.7%，研发人员占30.3%，研发投入数千万元。公司已累计获得或申请自主知识产权340余项。公司十分重视品牌建设和保护，相关产品获得业内好评，如BLT-C600设备获得iF大奖、Red Dot红点奖，BLT-S310一代机型设备获得Red Dot红点奖、中国首届工业设计展优秀工业设计奖并成功出口德国；BLT-S400获得2019中国"好设计"银奖。

西安博深安全科技股份有限公司——是一家专业从事矿山安全技术和产品研发、生产、销售、服务的高科技企业。公司产品及服务涵盖智慧矿山建设、煤矿智能化升级改造、煤矿区域自动灭火、矿用巡检机器人、煤矿安全风险监测预警、矿井瓦斯抽采安全保障、矿井紧急避险、矿井水害防治、水文物探等专业领域。公司立足自主研发，成立至今始终致力于以技术创新推动企业的转型升级，以西安市中小企业创业研发中心、西安市企业技术中心等科研机构为依托，与中国矿业大学、西安交通大学、西安科技大学等高校、科研机构建立了长期合作关系。公司获得发明专利6项、实用新型和外观设计专利30项及软件著作权12项，并拥有信息系统集成及服务资质、建筑业企业电子与智能化工程专业承包资质、消防设施工程专业承包资质及CCC等资质证书。

西安和其光电科技股份有限公司——是由中科院西安光机所孵化的高科技企业，专业从事光纤传感测量等高端仪器设备的研发、生产、销售、应用与技术服务。公司成立于2011年8月，产品主要针对油浸式变压器、干式变压器、开关柜、环网柜等电力设备的重点发热部位进行实时温度监测，通过智能化温度监测，实现动态负载热点温度的实时和精确测控，确保高压电器设备的安全高效运行，提升设备设计制造质量和使用效率，为广大用户带来卓越的经济和安全价值。公司获得国家高新技术企业认证、ISO 9001质量体系认证、ISO 14001环境管理体系认证、ISO 45001职业健康安全管理体系认证、IPMS知识产权管理体系认证、软件企业认定和对外技术贸易许可、三A级信用等级等，荣获西安高新区创新奖、全国创新创业大赛三等奖、国家电网公司科学技术进步奖、中国电力科学技术进步奖三等奖等。

（四）厦门火炬高新区进一步支持企业科技创新

为助力高成长创新型企业发展，构建协同创新生态，全面推进福厦泉国家自主创新示范区和国家双创示范基地建设，实现高质量创新发展，厦门火炬高新区于2019年开展"瞪羚计划"，连续两年发布了《厦门火炬高新区推进高质量创新发展的若干措施（试行）》和《厦门火炬高新区进一步支持企业科技创新若干措施》两项政策。根据措施，被认定为"火炬瞪羚企业"的企业，给予一次性奖励。在高新区内瞪羚企业设立或共建"火炬创新研究院"等研发机构，给予研发补贴和奖励；对瞪羚企业建设运营的"火炬公共技术服务平台"，给予设备补贴和服务奖励。

2021年是厦门火炬高新区瞪羚企业培育工作开展的第3年，高新区持之以恒推进数字经济发展，优化梯度培育机制，分类施策，在载体、技术、资金、人才等方面给予支持。

厦门火炬高新区瞪羚企业典型案例如下。

厦门狄耐克智能交通科技有限公司——是一家专注于智慧通行领域并集研发、生产、销售及服务为一体的国家高新技术企业。公司成立于2014年，始终秉承"领跑智慧生活理念，创造卓越生活品质"的企业使命，为市场提供优质的智慧通行解决方案与核心硬件设备，主要涵盖：出入口收费管理系统、车位引导及反向寻车系统、智慧人行通道闸系统和智慧通行云平台解决方案等。公司拥有专利19项、软件著作权27项，荣获中国智能交通三十强企业、十大技术领先企业、十大智能停车场品牌、中国安防产品市场占有率十佳品牌、中国智能交通建设推荐品牌、中国智慧停车管理领先品牌、中国云停车十大品牌、中国安防智能停车场类最具影响力十大品牌、中国智能建筑行业停车场管理系统TOP品牌产品、中国无人化停车十大品牌，是中国云停车产业联盟常务理事单位。

厦门南讯股份有限公司——是一家始终以技术和产品为驱动，致力于为零售企业提供数字化、智能化的客户资源系统解决方案的企业。公司成立于2010年，旨在为零售企业建立品牌体验、智能营销体系和客户数据分析，最终推动零售企业完成运营模式转型。公司自主研发"ECRP云"和"客道云"等产品，"客道云"拥有忠诚度管理、客户精准细分、自动化交易、流程化事务处理和智能实施营销活动等优势，持续多年占据高端电商CRM市场，市场份额逐年提高；"ECRP云"将客户数据中心、商业智能分析、客户关系细分和企业开放平台有效整合，覆盖一系列IT支撑策略，有效应用于新商业形态下大型零售企业实践型、定制化、专业性客户资源管理。公司拥有员工近400人，其中精英科研团队160余人、资深服务顾问100余人。公司是国家高新技术企业、福建省"专精特新"中小企业、福建省重点上市后备企业，荣获2018年福建省互联网企业20强、2018年中国大数据企业50强、2019年厦门市级优秀软件产品等多项荣誉。

昇捷丰电子（厦门）有限公司——是一家以喷码机技术行业应用为核心，拥有强大的创新及研发能力并领先于喷码机行业的高新技术企业。公司成立于2011年，拥有自主知识产权及多项专利权，与美国惠普公司建立了长期稳定的战略合作伙伴关系。公司提供多系列标准化产品，适用于可变数据、数据库，以及包括条形码、二维码在内的多种可变信息的喷印。此外,公司还积极配合设备厂商和系统集成商来为客户提供SDK、OEM、ODM支持,以满足客户全方位、多领域的需求。作为国内喷码机市场的领军企业之一,公司产品畅销海内外,经销商网络铺往全球100多个国家和地区,并在当地建立了极佳的口碑和声誉。公司以研发技术为核心,拥有一支优秀、敢于创新的精英团队,凭借高创新性和高成长性获得国家高新技术企业、福建省科技小巨人领军企业、厦门市成长型中小微企业、厦门市创新型试点企业、厦门理工学院实践基地等荣誉,也是厦门市科技局重点培育企业。

睿云联(厦门)网络通讯技术有限公司——是一家全球领先的智能对讲方案提供商,针对海外中高端市场,提供住宅、商务办公和公众报警整体解决方案。公司成立于2012年,凭借强大的技术积累,融合网络通信、对讲、安防、人工智能、云计算和移动互联网等多个领域的最新技术,构建业界领先的研发能力和独特优势。目前,公司的方案和产品已销往100多个国家和地区,成为多个著名品牌的OEM/ODM伙伴,分销和服务网络也逐步遍及海外。公司于2018年被认定为高新技术企业,是厦门市瞪羚企业、厦门市科技小巨人企业、厦门市"专精特新"中小企业,拥有多项自主知识产权。

厦门雷霆互动网络有限公司——是从事具有中华传统文化内涵的网络游戏创意、制作与商业化业务的公司。公司成立于2012年,是厦门吉比特网络技术股份有限公司的全资子公司,以弘扬中华传统文化为出发点,以创造"原创、精品、绿色"游戏为宗旨,致力于塑造内容健康向上、具有较高文化、艺术品位与娱乐体验的精品中华原创游戏。拥有专利7项、软件著作权49项、作品著作权9项。母公司先后被评为国家规划布局内重点软件企业、国家火炬计划重点高新技术企业、福建省文化产业示范基地、福建省重点软件骨干企业、厦门市重点文化企业及厦门市网络动漫游戏产业示范基地,并经厦门市科技局批准依托公司建立厦门市网络动漫工程技术研究中心。

(五)沈阳高新区支持创新型企业发展壮大

2019年,为加快推进高新区高质量发展,沈阳高新技术开发区根据"做大做强高新技术产业,加快推进产城融合发展,全力打造开放创新主阵地"的核心目标和任务，以培育有竞争力的创新型产业集群为目标，制定了《沈阳国家高新区关于加快智能制造、新能源汽车、生物医药与健康医疗、体育休闲4个主导产业发展的若干政策措施》。该政策措施围绕智能制造、新能源汽车、生物医药与健康医疗、体育休闲4个主导产业以及16个细分领域，基于各产业发展壮大在创新型企业梯度培育、科技企业招商引资、创新创业生态构建、打造对外开放高地和人才培养集聚5个方面共性政策需求，制定了"20条61款"支持措施。

支持措施中提出对首次获得省级备案或沈阳高新区备案的独角兽企业、潜在独角兽企业、种子独角兽企业、瞪羚企业和潜在瞪羚企业，分别给予一次性200万元、50万元、30万元、20万元、10万元奖励；对首次纳入区高成长企业培育库的企业，给予一次性5万元奖励。

除此之外，支持措施中鼓励瞪羚企业持续融资，并适当给予瞪羚企业用房补助和咨询补助。对于省级或区级备案瞪羚独角兽企业、区高成长企业培育库企业当年获得风投、科技信贷的，分别按投资额和贷款额的3%、1%给予奖励，奖励金额分别最高不超过100万元、50万元；对于省级或区级备案瞪羚独角兽企业，备案2年内在高新区购买楼宇、厂房作为办公、研发及生产用房的，按购买价格的10%给予补助，其中，瞪羚企业和潜在瞪羚企业补助金额最高不超过100万元；对于省级或区级备案瞪羚独角兽企业、区高成长企业培育库企业，备案或入库2年内在战略规划制定、商业模式设计、组织架构优化、岗位绩效提升、投资并购咨询、智能化改造等方面咨询费用，按50%给予补助，其中，瞪羚企业、潜在瞪羚企业、区高成长企业培育库企业每年补助不超过20万元。

沈阳高新区瞪羚企业典型案例如下。

沈阳东信创智科技有限公司——是一家汽车开发测试工具和解决方案提供商。公司成立于2013年，主营汽车电子相关业务，面向整车厂和供应商提供德国Vector公司的工具和系统解决方案，技术领域涉及整车的电子电气架构（EEA）和网络设计，以及整车及部件的通信、诊断和功能（HIL）测试等，同时面向售后市场提供汽车人工智能公司Mobileye的驾驶预警系统。公司核心团队有10多年深厚的汽车电子行业经验，成立至今，已在全国范围内为10余家整车厂和300多家供应商提供产品和服务。公司除了深耕传统的CAN/LIN车载总线开发、CAN/LIN车载总线测试及电子电气架构技术，在汽车电子新兴技术，如汽车以太网上的探索与投入也一直走在行业前列。公司拥有资深的总线及架构设计团队，能利用全球领先的工具链总线测试CANoe、PREEvision等完全自主地实现汽车电子完整V模式开发、AUTOSAR诊断协议栈、智能驾驶ADAS、SOA架构开发、车载总线测试。

辽宁向日葵教育科技有限公司——是一家面向高校、政府和企业提供数字内容建设、专业化公共培训服务平台、综合演播室系统集成、在线直播录播平台等全流程解决方案提供商。公司成立于2010年8月，以5G、大数据、人工智能等新兴信息技术为依托，自主研发底层引擎系统，目前已构建完成"技术服务+硬件产品+软件平台+产业大学"的生态布局，将教学资源、教学应用、教学管理、学习行为等终端数据打通，实现数据的深度智能化应用，打造全生命周期数字化生态体系——以优质课程资源为核心，以国内领先的"工厂化"的数字内容生产体系为支撑，实现教与学两类学习行为数据的共享互通，基于教育数据的深度智能化分析，提高线上知识传播效果和传播效率，赋能数字教育大发展。公司是国家级高新技术企业、工信部专精特新"小巨人"企业、科技中国创新先锋、辽宁省文化和科技融合示范基地，拥有发明专利、实用新型专利、软件著作权等100多项，承担多项省部级课题研究。

拓荆科技股份有限公司——是国家高新技术企业，主要从事高端半导体专用设备的研发、生产、销售与技术服务。公司成立于2010年4月，于2020年在北京、上海、海宁成立3家子公司。公司主要产品包括等离子体增强化学气相沉积（PECVD）设备、原子层沉积（ALD）设备和次常压化学气相沉积（SACVD）设备3个产品系列，拥有自主知识产权，技术指标达到国际同类产品先进水平，产品主要应用于集成电路晶圆制造，以及TSV封装、光波导、Micro-LED、OLED显示等高端技术领域。公司现有10余名海外高层次专家，结合国内优秀人才，形成了一支国际化的专业团队，具备高科技研发实力及管理经验。通过多年技术积累，公司已形成自主知识产权的核心技术群及知识产权体系，被国家知识产权局评为"国家知识产权示范企业（2019—2022）"。

（六）昆明高新区支持企业科技创新和高质量发展

为有效激发高新区新一轮创新发展活力，促进企业双创升级和高质量发展，昆明高新区于2020年出台《昆明高新技术产业开发区支持企业科技创新和高质量发展实施细则（试行）》，开展瞪羚企业培育计划。通过瞪羚企业入库培育，加快培育园区技术创新和高质量发展生力军。

政策围绕高新区主导产业重点领域，建立高成长性企业梯度培育体系，按年度分期分批遴选一批优秀的企业，作为瞪羚企业培育对象，对培育对象做动态管理，运用国家、省市、高新区的有关扶持政策和专项资金，全面引导支持培育对象进一步加强能力建设和管理提升。政策明确了瞪羚企业入库培育基本条件及支持方式，通过政策支持、项目支持、资金支持等方面扶持瞪羚企业发展。对新认定为瞪羚企业的主体，给予一次性奖励；对入驻的企业提供租房费用补助和研发经费补助；优先推荐瞪羚企业参与省市科技计划项目，优先推荐瞪羚企业参与高新区科技成果产业化奖补的项目申报。

昆明高新区瞪羚企业典型案例如下。

云南迪安医学检验所有限公司——是一家以提供诊断服务外包为核心业务的独立第三方医学诊断服务机构。公司成立于2014年，是迪安诊断技术集团股份有限公司的控股子公司，积极推进第三方独立医学诊断平台的多服务领域拓展与上下游产业链的整合式发展战略，业务涵盖医学诊断服务、诊断产品营销、司法鉴定、健康管理、冷链物流、诊断技术研发生产、CRO、生物样本库等领域。拥有质谱分析平台、高通量基因测序平台、个性化诊断平台、血液病诊断平台、自身免疫性疾病诊断平台、过敏性疾病诊断平台、婴幼儿疾病诊断平台、妇科疾病诊断平台等，为医院提供高端、先进的检测诊断项目，为医生提供全面的综合诊断意见。病理中心专家团队成熟稳定、老中青结合，凭借优质的实验室环境及硬件实施，凭借完善的物流运送机制、良好的运营服务机制和精良的"数字切片"平台，倾力打造了一个由"基础病理诊断中心-病理诊断中心-病理顾问团"组成的三级病理诊断和会诊平台，完善病理各亚专科的建制和学科建设，强化病理诊断素养和诊断质量控制。

云南新航线科技有限公司——是一家长期从事新产品、新技术的研发和推广应用为一体的高科技企业。公司成立于2013年，专门从事通信业务网络、电信支撑网络、电信基础网络系统集成、智能交通系统工程、交通安全设施工程、工业自动化、公共安全防范工程、太阳能设备的开发、安装及维护、交通信息化、高速公路机电系统（监控、通信、计重收费系统）、隧道消防、通风、照明、监控系统机电工程项目的设计、施工、安装和售后服务。